LE JOURNAL INTIME DE ZOÉ

Zoé Mars

Le journal intime de Zoé

Vérone éditions

Envois de manuscrits :
Vérone éditions – 75 boulevard Haussmann – 75008 Paris

De la vie affective d'une vieille fille… de cette saleté de solitude à apprivoiser… des rêves de petite fille qui s'étiolent…

« Peu d'Hommes s'aperçoivent de ce qu'est la solitude et combien elle s'étend ; car une foule n'est pas une compagnie et des figures ne sont qu'une galerie de portraits et la conversation une cymbale résonnante là où il n'y a pas d'amour. »

Francis BACON

Je dédie ces écrits à ma famille, mes ami(e)s, mes amants, mes proches, mes collègues, tous ceux qui m'ont entourée et qui ont fait de moi celle que je suis aujourd'hui, celle que je serai demain, me rappelant chaque jour que je suis vivante !

À savoir quand même que j'ai décidé d'écrire pour répondre à tous ceux qui me « charrient » gentiment, moins gentiment d'être célibataire, à tous ceux qui se posent des questions et qui même me les posent !! À ceux qui se font des idées et qui peut-être se trompent… oui, c'est une autobiographie… mais peut-être que d'autres se reconnaîtront ??

QUI SUIS-JE DONC POUR OSER UNE AUTOBIOGRAPHIE ?

Je suis une fille comme les autres !!!! Je m'appelle Zoé MARS et je suis née le 27 octobre 1966 à Lyon, j'ai donc 34 ans...

J'ai bien essayé de faire quelques études mais ce ne fut pas une franche réussite... Alors après un baccalauréat série B en 1985 – économie et sciences sociales – je me suis osée à passer un DEUG d'anglais... Oh, j'ai bien réussi la première année et j'ai bien validé quelques épreuves de deuxième année... avec un peu de temps !!! Inutile d'insister...

Bref, en 1992... marché du travail... me voilà !!!!

Il y a juste un hic !!!! Qu'est-ce que je peux bien faire ????? Mais surtout, qu'est-ce que je SAIS faire ???? Je sais lire et écrire... compter... ouais... parler anglais... et oui quand même !!!! Ah oui, je sais couper les cheveux et bien coudre !!! Cela a même été mon gagne-pain (entre autres : j'étais pionne aussi !!! Hé hé !!! Surveillante quoi !!). La coiffure ne me tente guère. Je rencontre des stylistes... oui oui, c'est chouette ce que vous faites... Mais voilà... vous n'avez pas les diplômes... Bon... lesquelles ? Un BTS stylisme... OK... Il faut faire une école de mise à niveau avant d'intégrer l'école... Prix de la chose : Vingt-cinq mille francs !!!! Et !! Les chevaux !!! Au secours !!! N'y aurait-il rien sous vos sabots ????

Je bosse en intérim sur des missions inintéressantes au possible...

Et par hasard... je rentre dans une société d'assurances... Et oui !!! Je vais vendre des contrats d'assurances en porte à porte !!! Top non ???? Ouais... Vous avez tout compris... Alors sur ce coup, je poursuis les formations internes et cette fois j'excelle !!! Et j'évolue : Attachée d'inspection... cool... avant de me faire virer... licenciement économique... bidon d'ailleurs !!!! Moins cool !!!

Mais cette fois, aucun problème pour retrouver une bonne place !!! À nouveau je poursuis des formations en interne. On me donne même un poste d'Inspecteur commercial à l'essai !!! Essai qui va perdurer un an... Ah ça marche bien !!! Mon équipe, que j'ai recrutée, formée et que je manage toute seule comme une grande est première ou deuxième au classement régional et dans les dix premières sur deux cent cinquante au classement national !!! Mais pas de bol !!! Alors que des Inspecteurs à l'essai mâles dont la production est de beaucoup inférieure à la mienne sont nommés... moi... je suis laissée pour compte... Je suis une femme !!!! Y z'avaient pas vu !!!! Si c'est comme ça, je pars... Et je sollicite le conseil des prudhommes pour les condamner pour cette discrimination mais contre toute attente je n'obtiens pas gain de cause !!

Bon, c'est bien mais maintenant, qu'est-ce que je fais ???? En attendant, histoire de ne pas perdre mon temps, je passe un BTS force de vente... en fait, je valide mes acquis professionnels !!! Ni plus, ni moins. Ça peut toujours servir !!!

Allez, on dit que ma réussite, je ne la devrai qu'à moi... je me lance, je m'installe à mon compte... Agent commercial en immobilier... Et que ça roule !!!! Et voilà !!!

En parallèle, écrire est mon passe-temps favori... Je me fais du bien et ça me fait plaisir... Enfin !!

AOÛT 2001
Conversation avec un ami… J'me présente… je m'appelle…

22 août 2001

— À 34 ans tu es sympa, plutôt jolie et célibataire !!! Comment ça se fait ?

— Serait-ce une tare ? ☺

— Non, mais c'est étonnant quand même !!

— Pourquoi ?

— Reconnais que c'est un peu – passe-moi l'expression – du gâchis !! Mais, tu cherches à te caser quand même ?

— À me caser ?

— Oui, à avoir une relation suivie avec quelqu'un !

— Sans doute, mais je crois que si je souhaitais réellement me caser pour me caser, je choisirais mieux mes partenaires, pas que je les choisisse mal, mais je prendrais le temps de les connaître avant d'entreprendre quoi que ce soit avec eux…

— Ah… OK, tu fais donc partie de celles qu'on peut « emballer » le premier soir ?

— Pourquoi pas ? Peut-être suis-je utopiste, mais je crois aux « coups de foudre » par conséquent je fonctionne au « coup de cœur », je laisse parler mon instinct, je suis une adepte du plaisir et, au mieux, j'apprends à connaître l'autre plutôt à partir du moment où nous nous plaisons, où nous nous attirons… J'aime la réciprocité des émotions, de certaines énergies… La véracité des ressentis… Le corps ne triche jamais !! Je déteste la médiocrité affective !! Même un amant de passage doit me plaire un maximum !! ☺ Et oui !!! Je me fie à cette attirance indescriptible entre deux êtres qui fait qu'ils ont envie de communiquer, de se rapprocher, de se toucher, de se sentir, de se ressentir… je ne parle pas forcément de sexe… mais aussi… À cette magie des énergies qui fait se mélanger les corps avec ardeur, à ces « peau-à-peau » torrides qui laissent les corps pantelants de plaisir et de douceur… Ces moments merveilleux de deux corps à l'unisson qui laissent un goût de « reviens-y ». C'est magique !!! Et c'est pour ça que cela ne fonctionne pas à tous les coups !! Ce sont des émotions qui dépassent l'entendement, qui submergent le corps et l'esprit… et qui font tout oublier sauf qu'on est vivant !!! T'es sur une autre planète et quand tu redescends, tu ressens combien tu es vivant… C'est merveilleux…

— Si je comprends bien, tu es « sexe » à fond ?

— Et alors ? Ce n'est pas bon ? Tu renâcles toi ?

— Oh non, pas du tout, m'enfin…

— Et oui, m'enfin, ça ne suffit pas !! Je n'ai pas qu'un corps, j'ai aussi un cœur, et une tête et ils sont étroitement liés entre eux, apprendre à les sentir et les ressentir me paraît essentiel !!

— Et ça n'est pas dangereux de rechercher constamment le plaisir ? Tu n'as pas peur de te brûler les ailes ?

— Non… Et oui !!! Mais une relation, quelle qu'elle soit, n'est belle que si elle est partagée. À partir du moment où l'un ne trouve plus son compte, il faut cesser. Sinon, on tombe dans la médiocrité et ça ne m'intéresse pas !!! Je me vois mal rester avec quelqu'un qui ne veut plus me voir ou qui ne me désire plus… Car la relation est alors faussée, il n'y a plus échange !!! Le mensonge fausse tout. Il y a un certain plaisir et un plaisir certain à séduire l'autre !! S'il ne te voit plus, si tu ne le vois plus… Le jeu n'en vaut plus la chandelle !!! La séduction, qui fait partie intégrante d'une relation amoureuse, ou amicale d'ailleurs, est un jeu perpétuel… il faut que les deux amants, ou les deux ami(e)s, soient sur la même longueur d'ondes… sinon, à quoi bon ? Et puis, la vie est courte, « elle est trop courte pour être petite » *dixit* François MAURIAC… À quoi bon s'embarrasser de faux sentiments ? Moi, je n'ai pas envie de tricher avec la vie, je n'ai pas envie de contenir mes émotions et mes sentiments. Pourquoi devrais-je agir ainsi, me retenir d'aimer et de donner à au moins deux cents pour cent quand c'est exactement mon ressenti qui me rappelle combien je suis vivante ? Et puis finalement, il n'y a que la mort qui sépare les individus !!! Et encore, c'est une séparation physique, car quand on a aimé quelqu'un de son vivant, on ne cesse pas de l'aimer parce qu'il n'est plus là, il est toujours présent par le cœur.

— Oui mais si l'autre ne te donne pas ce que tu attends, ce que tu entends partager ?

— Que dois-je donc attendre de l'autre ? J'attends du plaisir de la vie !! Et donc OK par conséquent de l'autre !!! Mais si cet autre ne veut pas partager, tant pis !! Chacun continue son chemin. Si on n'a rien à partager, il n'y a aucun échange, on n'a rien à se dire et donc rien à faire ensemble… des murs, j'en ai quatre chez moi !!! ☺

— Et de l'affection, qu'on t'aime ?

— Évidemment !! Mais c'est aussi bon d'aimer et de donner que d'être aimé… Et puis on n'aime pas forcément pour être aimé !!! J'aime parce que j'en ai besoin… j'ai besoin d'aimer et de donner, c'est vital pour moi… Sinon j'étouffe !!! C'est comme si j'étais remplie d'amour, comme si j'en avais à revendre, si je garde tout, j'étouffe !!! Par conséquent cet amour est gratuit… comme un sourire… ça ne fait de mal à personne et même au contraire, parfois ça fait vachement du bien !!!

— Tu n'as donc pas peur de te casser la figure ! Alors ?

— Non… Et oui, mais… et alors ? Et d'un, c'est à force de tomber qu'on apprend à marcher… et de deux, quand je mets dans la balance le lot de bons moments et l'éventuelle tristesse d'une rupture… il n'y a pas photo !!! Les bons moments pèsent nettement plus lourds… et puis, je ne m'encombre pas l'esprit et le cœur de rancœur… ça ne sert à rien.

Pour conclure ça vaut toujours le coup !!! Je t'ai dit, pour moi donner et aimer c'est vital !!! Et de trois, quand même, si je dois être triste ou frustrée, ou déçue par une rupture que je trouve précoce à mon goût… ce sont encore là des émotions qui me rappellent que je suis vivante… D'ailleurs, si ces moments de tristesse n'existaient pas, comment saurait-on quand on est heureux ? Pourrait-on apprécier le bonheur à sa juste valeur ? Et puis, je crois qu'il faut tout vivre ou vivre tout ce qu'on a à vivre… Il faut peut-être aussi apprendre à être un peu philosophe… n'arrive que ce qui doit arriver ! Il faut toujours en tirer une expérience ou une leçon positive. Ça ne sert à rien de broyer du noir, de ruminer ses échecs… il faut en tirer parti et continuer son bonhomme de chemin ! Et puis tu en ressors plus fort !!! Avec encore tant d'amour à donner !! Je ne crois pas au hasard… en ce sens que, tout ce qui m'arrive, je dois le vivre. C'est ce qui me forge… tout mon vécu fait celle que je suis aujourd'hui et il m'arrive d'aimer cette femme… même si j'ai plein de défauts et même si j'espère bien me bonifier… comme le bon vin !!…Avec le temps et les leçons que me donne la vie !! J'ai la foi aussi !!!! Tout ce qui m'arrive m'est nécessaire pour m'améliorer et, quand je serai très très très vieille, tendre à la perfection de l'âme… comme pour la purifier quelque part… la rendre la plus belle possible !!! Mais finalement pour en revenir à l'une de tes premières questions… bien sûr, j'aimerais rencontrer « l'âme sœur » ! Celui avec qui je fonctionnerai parfaitement à l'unisson ! Celui qui me conviendra… qui partagera ma façon de vivre la vie, à plus de cent pour cent, celui qui me séduira constamment et que je séduirai chaque jour d'avantage avec grand plaisir… Pas celui avec lequel je serai toujours d'accord, mais celui avec qui je pourrai converser sur des oppositions, celui qui aura l'esprit et le cœur ouverts !! Celui qui saura être « entier », vrai et spontané, celui qui ne contiendra ni sa joie ni sa peine, ni ses rires ni ses sanglots !!! Celui qui saura apprécier ce que la vie lui donne, bonheur ou malheur, à sa juste valeur… celui avec lequel il y aura une véritable réciprocité des sentiments… peut-être aussi celui avec lequel j'aurai envie de perpétuer cette façon de vivre et partager un peu plus chaque jour. En même temps il faut quand même bien réaliser que rien n'est éternel !!! Disons que faire un bout de chemin avec LE compagnon adéquat… ce serait cool !!

— Tu es pessimiste quand tu dis que rien n'est éternel !?

— Non, Réaliste et parfois oui…

— Et celui qui te demande « qu'attends-tu de moi ? » Que réponds-tu ?

— Je crois qu'invariablement, que je le connaisse plus… ou moins, s'il y a des bases qui fonctionnent, j'ai envie de répondre : « Partageons les plaisirs que nous offre la vie ! Tout ce qui fait mon bonheur et « comme tu sais si bien partager »… et comme je sais aussi partager »… ni plus, ni moins et à condition qu'il n'y ait pas de mensonge. Si cette magie, ce plaisir, ces moments de bonheur doivent évoluer, en plus de bonheur ou en néant, qu'il en soit ainsi !!! Ainsi va la vie !!! Mais je ne chercherai jamais à faire abstraction de mes émotions et de mes sentiments au nom de cette peur de ce que la vie peut nous réserver ou ne pas nous réserver !!! Je ne voudrais pas « louper » un moment de joie et de bonheur et en avoir des regrets… Et puis je ne sais pas faire semblant !!! Je suis bien trop émotive !!!! Et j'en suis heureuse !!! Je ne suis pas lâche… J'affronte les réalités de la vie… toutes… En essayant de ne jamais me départir de ma foi qui gère mon optimisme et ma bonne humeur et ma constante envie d'avancer… Aller de l'avant !!! Toujours y croire !

— C'est quoi le « y » ?

— La vie, la chaleur, le bonheur, l'amour, la peur, la tristesse, la solitude, le soleil, y tout y tout, tout ce qui est éternel en fait !!!! Tout ce qui fait qu'on est vivant !!! La fraîcheur de la brise sur ma joue, la douceur de ta joue sur ma joue !!!! Tout ça quoi !! Tout ce qu'on peut ressentir à n'importe quel moment du jour ou de la nuit !!! D'ailleurs Albert EINSTEIN écrivait : « Celui qui ne peut plus éprouver ni étonnement ni surprise est pour ainsi dire mort ; ses yeux sont éteints. » Il a complètement raison !!! L'étonnement et la surprise devant toutes ces petites choses de la vie sont si bons et nous rappellent combien nous sommes vivants !!!

— On ne te traite pas de « gamine » parfois ? Car tes réactions le sont quelque peu, disons qu'elles peuvent sembler « primaires » ou « instinctives » !!!

— C'est en me débarrassant de certains principes, d'idées préconçues, de préjugés, en ouvrant mon cœur et en faisant ce qu'il me dicte au même titre que mon corps, que je suis heureuse.

1) C'est un comportement infantile car oui, les enfants n'ont pas encore de principes bien établis ni de préjugés… et alors… ils sont « vrais » et spontanés, eux, au moins ?!! Et ça me plaît d'essayer d'être vraie et spontanée !!!

2) Quelque part, en fin de comptes, c'est aussi un travail à faire sur soi, parfois de longue haleine, pour rester ou redevenir « vraie » !!!

— Quelque part tu fais donc partie des gens qui s'écoutent ?!

— Eh eh !! J'écoute mon cœur, mon corps… ou j'essaye tout du moins !!! Quand un coup de blues me submerge, je mets vite à plat afin de le comprendre et de passer à autre chose… je suis une optimiste de nature, je n'ai pas envie de m'enfermer dans la mélancolie. Même si c'est un noble sentiment !! Et puis j'ai une facilité déconcertante à occulter ce qui me fait mal !!! Disons que j'essaye de gérer au mieux mes émotions afin de ne pas me « blinder » pour ne jamais devenir un robot ou une femme sans cœur. Ce serait bien trop triste… en fin de compte je ne vis qu'à travers mes émotions et mes ressentis, par conséquent si je les occulte, je suis morte ou presque, car mon cœur se dessèche alors…

— Tu as donc essayé ?

— Bien sûr… quand la souffrance est trop grande, ta première réaction est de vouloir fuir pour ne plus souffrir !! Il faut donc regarder sa douleur bien en face… du coup c'est elle qui s'enfuit !!! Le fait de « mettre à plat » permet indéniablement de dédramatiser, de voir les choses de façon peut-être un peu plus objective, et puis… à partir du moment où tu mets le doigt là où ça fait mal, où tu essayes de comprendre pourquoi ça fait mal et où tu comprends, au moins dans sa globalité, pourquoi tu as mal… alors tu guéris !!! Ça n'est pas plus compliqué que ça !!

— Cela oblige sans cesse à se remettre en question ?

— Oui et alors ? comment veux-tu t'améliorer et progresser si tu ne te remets pas en question ?

— C'est parfois long l'introspection !!

— Il faut alors apprendre à se remettre en question chaque jour sans non plus ergoter ni psychoter !! La vie est parfois beaucoup plus simple qu'on ne le croit !! C'est nous qui nous mettons tout seuls des bâtons dans les roues à nous poser des questions là où il n'y a pas lieu et à oublier de se les poser quand il faut !!! Il faut aussi apprendre à se laisser vivre !! Les « simples d'esprit » ne sont-ils pas les plus heureux ?

— Pas toujours facile… on ne sait pas ce que demain nous réserve !!!

— Non…, et heureusement !!! ? Tu te rends compte si ta vie était « programmée » et que tu connaisses ce programme ? Quelle tristesse !! Ce qui est important c'est ne pas avoir peur de demain… voire, d'affronter demain !!

— Facile à dire !!

— Il faut avoir foi en la vie… qui ne nous impose jamais plus qu'on ne peut supporter,

— Et si on est plus faible que ça ?!!

— Qu'est-ce que la faiblesse ? Sinon oublier de vivre !! Oublier de se regarder en face et subir la vie ?! Se laisser vivre sans se prendre la tête, ce n'est pas subir la vie… c'est la croquer à pleines dents… non je ne sais pas ce que me réserve demain… mais je ne veux pas avoir un jour à regretter d'avoir oublié d'être heureuse !!! Aujourd'hui je vis… donc j'essaye de vivre à deux cent pour cent ! Et comme je ne suis qu'un être humain… je vis à travers mes émotions et mon corps…

— Et dans ta vie sociale et professionnelle tu es différente ?

— Non pas tant que ça… ce que je veux dire c'est que la véritable identité d'un individu m'intéresse plus que ce qu'il veut bien laisser paraître ou que sa position sociale… Bien sûr que je bosse pour avoir un certain confort matériel… celui-là même qui me permettra :

1) de ne pas m'encombrer l'esprit de soucis matériels et

2) alors de pleinement me consacrer à ma discipline favorite… vivre… à la façon dont je l'entends, c'est-à-dire avec mes tripes, mon cœur et mon corps tout entier !! Mais même dans mon job, qui consiste à rendre service, puisque je suis l'intermédiaire entre le vendeur et l'acheteur, je suis là pour aider l'autre à faire son nid, ou à l'améliorer, ou à s'en débarrasser pour en acquérir un autre ; j'essaye de saisir chaque opportunité de découvrir celui qui se cache derrière chaque apparence ! Et c'est tout mon intérêt si je veux faire mon job correctement sans « bourde », dans la joie ou la tristesse (quand il s'agit de vendre son bien à cause d'un divorce ou d'un décès) il faut aussi savoir être à l'écoute de l'Autre !!! Et c'est pas toujours facile !!! Je te l'accorde !!

— S'écouter, écouter l'autre !!! C'est un job à plein temps !!?

— Oui et non… ça devient « naturel » à partir du moment où on est bien dans sa tête !!

— Et tu es toujours bien dans ta tête ?

— Oh non !!! Loin de là !!! Je ne suis pas encore assez « grande » !!! J'ai encore tant à apprendre !!!!

— On a le tempérament pour ou pas !!?

— Je crois qu'on en a tous le tempérament… dans la mesure où nous partageons tous le même objectif… être heureux… et être heureux c'est partager quelque chose… finalement… le chemin est le même pour tous !!!

— Alors pourquoi ne l'empruntons-nous pas tous ?

— Parce que beaucoup ont encore à apprendre, à grandir… moi la première !! On n'évolue pas tous de la même façon… il y a les « éclairés » et les autres… mais nous marchons tous sur le chemin de la lumière… certains mettrons plus de temps… c'est tout… que ce soit dans cette vie ou dans une autre, nous y arriverons tous !!

— Ah ? tu crois en la réincarnation ?

— C'est un sujet qui mérite discussion… longue… mais quelque part, comme je suis une optimiste née, ça me plaît d'y croire !!!

— Et crois-tu en Dieu ?

— Non plus en Dieu, mais en la VIE, oui !! ou alors Dieu est en chacun de nous !! Puisque nous sommes la vie !!

— OK, avec tout ça tu n'as pas peur que les gens te prennent pour une « illuminée », une folle ?

— S'ils me prennent pour une « illuminée », j'en suis ravie… ça prouve quelque part que

1) je suis sur la bonne voie,

2) j'ai peut-être trouvé quelque filon qu'ils cherchent encore, que je suis « éclairée » !!!

S'ils me traitent de folle, je considère qu'ils n'ont peut-être pas tout compris… peut-être que ça mérite une discussion supplémentaire ??? !! Ce n'est pas grave !!! Un jour peut-être !! Et puis de toute façon, je ne fais de mal à personne !!! Bien au contraire !!! Il m'est arrivé d'aider certaines personnes à voir plus clair en elles et à être mieux dans leur tête, là, je considère que j'ai tout gagné !!

— Donc, quelque part tu joues la psy et tu fais ta B.A. ?

— Horreur !!! Pas du tout… d'abord je n'en ai pas les qualifications et puis je t'ai dit tout à l'heure que si les gens communiquaient un peu plus avec leurs tripes et ouvraient leur cœur à l'Autre, ils seraient moins « malades » et les « psys » auraient moins de boulot !!! Que récupèrent-ils les psys ? sinon des gens qui sont seuls, qui vivent leur drame seul et qui en dépriment… la maladie c'est, selon la psycho-généalogie, le « mal a dit » !!! C'est le corps qui prend le relais et parle quand la tête – le mental – ne s'exprime plus. D'ailleurs les gens qui vont voir les psys, en général, « vident leur sac » !! S'ils gardaient un peu moins au fond d'eux, leur sac serait plus petit !!! ☺

— Tu parles beaucoup de la vie, de ses plaisirs et du partage que tu aimes en faire… mais, et la douleur, la souffrance, qu'on ne peut écarter, tu les partages aussi ?

— Ah, ça, moins facilement, je l'avoue. Ça fait plutôt partie de mon « jardin secret »… et puis on ne peut pas tout tout partager non plus !! Quand je souffre, je veux rester seule avec ma douleur, je veux l'appréhender seule dans un premier temps, je veux m'en « délecter », m'en « repaître », toucher le fond, laisser couler mes larmes jusqu'à ce que la source se tarisse… ça me permet de mieux la connaître, d'en faire le tour, de mieux la comprendre, la gérer et donc de ne pas en avoir peur, et enfin elle s'estompe jusqu'à n'être plus qu'un souvenir, ni bon ni mauvais, juste un souvenir. Quand je vais mieux, je peux en parler comme d'une expérience intéressante qui m'a enrichie et qui par conséquent peut enrichir l'autre. Je crois qu'il y a des émotions à partager en « live » et d'autres qu'il faut vivre égoïstement, avant, éventuellement d'en faire part… Et puis c'est quand même plus marrant de partager les plaisirs que la douleur ?! Mais de toute façon quand tu souffres, tes proches s'en rendent compte, ils le « sentent », et quand bien même tu essayes de poser tes soucis au porte-manteau !!! Ça doit encore être une histoire d'ondes et d'énergies !!!

— Dans la mesure où tout le monde ne partage pas ton point de vue et ta façon de réagir, et que tous ne ressentent pas comme toi, ne te sens-tu pas un peu seule parfois ?

— Oh que si !!! Les gens d'une manière générale ont du mal à laisser tomber le paraître pour n'être qu'eux… et laisser parler leur cœur… alors dans ce cas, c'est parfois difficile de partager… on ne peut partager que dans l'honnêteté… certains se mentent à eux-mêmes car ils considèrent que livrer son âme peut porter préjudice… ou par extrême pudeur, il arrive parfois que certains utilisent les émotions pour se servir de l'autre et le manipuler à leur guise… mais en règle générale on voit l'autre plus méchant qu'il n'est… et c'est un tort, je crois… Il me semble que si tous nous étions plus honnêtes envers nous-mêmes et les autres, les psys auraient beaucoup moins de boulot !!! En partageant, en échangeant, on se sent moins seul… c'est tout simple !! C'est pourquoi je recherche le partage !! Maintenant il est certain qu'en étant une célibataire épicurienne, il arrive que tu fasses fuir les autres… Si si c'est vrai !!! les couples par exemple… tu représentes un danger potentiel… et tu es vite mise à l'écart… Ils croient peut-être que parce que tu es célibataire tu sautes sur tout ce qui bouge !!! Tant pis !!! et puis de toute façon, il arrive souvent qu'on ne partage pas ou plus le même trip !! J'ai parfois l'impression que les gens qui se mettent en couple, se « rangent », quelque part s'assagissent… heureusement tous ne fonctionnent pas ainsi… et j'en connais fort heureusement qui ne me laissent pas tomber, tout simplement parce qu'ils aiment les plaisirs que la vie peut leur offrir… et que quelque part, je fais partie de ceux-ci puisqu'ils m'apprécient… bien sûr que leur emploi du temps change, mais ils gardent toujours une place pour le partage avec les autres… attention je ne parle pas d'orgie !! Je pense au partage d'une manière générale, un partage des émotions et des plaisirs de la vie !!

— Au final ta vie te paraît plutôt sympa ?

— Oui, plutôt !!!!

— Mais pourtant, tu es célibataire !!!

— Parce que les célibataires doivent porter l'étiquette « malheureux » ??

— OK, je sors ma carte « humour » !!! Et d'ailleurs, ta dernière aventure sentimentale remonte à ?

— Pas très loin !!!! Curieux !!!… pour vivre un peu au jour le jour, et te donner un exemple « en live », je vais te la raconter et tu verras que c'est un condensé de tout ce que je viens de te dire… par un beau soir d'août, avec mes deux amies, Zinz et Mum's, et les parents de l'une d'elle, qui sont parisiens, nous décidons d'aller jouer au bowling. J'habite juste à côté. Nous débutons la soirée, comme cela se doit, par un apéro dînatoire chez moi ! Cool ! La soirée commence bien ! Repus, nous nous rendons au bowling… et là, oh que zut !! Deux heures et demie d'attente, peu de chance de pouvoir jouer avant la fermeture… deux fois zut ! Zinz semble avoir un ticket avec le caissier… J'entame la négociation !!! « Vous comprenez, ces gens viennent de Paris, ils repartent bientôt, ce serait quand même dommage qu'ils ne connaissent pas les joies du bowling lyonnais ?!» « Bon OK, on va voir ce qu'on peut faire !!» Pour patienter, nous commandons une tournée. Et c'est là qu'intervient le beau gosse de serveur… et mon « coup de cœur » ! Et là… miracle… à peine vingt minutes après, nous sommes appelés à nous présenter… une piste est libre… « le groupe de Paris !!! » Chouette ! En piste !! C'est alors qu'avec Mum's, nous nous lançons un regard complice : « Beau gosse le serveur !!! » « ouais… et sympa en plus ! » A chacun de ses passages, entre deux tournées à droite et à gauche, ce beau gosse « zieute » vers nous… p'tit sourire, p'tit commentaire, il s'arrête même pour discuter cinq minutes… honnêtement, je ne sais même plus de quoi… je suis sous le charme… et j'ai comme l'impression que « ça passe bien »… bon feeling quoi… je me fais charrier par mes amies évidemment !! Mais c'est pas grave !!! C'est même plutôt sympa !!! « Zoé, quelle recette utilises-tu donc ?? Tu pourrais partager, égoïste !! « Et la soirée se passe… bien… Je m'en vais le trouver pour passer commandes de nos prochaines tournées, nous plaisantons… En fin de soirée, une de mes amies, une fana de plantes vertes, a repéré une plante qui lui plaît bien… et qu'elle n'a pas… Non… elle ne va pas l'embarquer !!! Elle caresse juste l'espoir d'en ponctionner juste une toute petite pousse !!! Elle n'ose pas… je prends le serveur à part… et lui demande une faveur… bien gentiment… OK, discrètement, il n'y a pas de problème ! Puis, de plaisanterie en plaisanterie, je me retrouve invitée à passer boire le café le lendemain si c'est l'après-midi ou une bière si c'est le soir. Top non ? Je suis ravie, conquise, et mes amies époustouflées. Quelle excellente soirée quand même !!! Nous nous rentrons dans nos foyers respectifs… « Bonne nuit Zoé, fais de beaux rêves » me souhaitent mes amis. Je dors du sommeil du juste, de celui qui croit en la vie, en sa vie, en son avenir bien sympathique. Le lendemain, j'ai rendez-vous avec un copain internaute, Grégoire, à onze heures. C'est un charmant jeune homme que je dois rencontrer depuis au moins un an, mais l'opportunité ne s'était pas présentée jusque-là… il est sympa et bien mignon… Et bizarrement, je constate que toutes les opportunités se présentent en même temps !!! En revenant, je passe devant le bowling, il est quinze heures… Mon cœur bat la chamade… j'y vais ou j'y vais pas ? Oh et puis zut, je ne vais pas me prendre la tête, je suis invitée, j'y vais !! Je me gare juste devant et je pousse la porte d'une main légèrement tremblante… je suis accueillie avec un immense sourire – sur ses lèvres et dans ses yeux !! Me voilà rassurée ! Nous allons papoter trois heures durant, de tout et de rien, de la vie, de nos vies respectives, de nos passions. Bien sûr, il « m'abandonne », comme il dit, quelques minutes pour servir des clients assoiffés de l'attendre, mais il revient bien vite et monopolise mon attention chaque fois que j'envisage de rentrer chez moi. À mon café, succéderont deux ou trois bières… Il m'apprend qu'il termine à dix-huit heures pour reprendre à vingt et une. Je tente le tout pour le tout… en tâtant le terrain un peu, malgré tout… « je suppose que vous rentrez chez vous vous délasser un peu durant ces trois heures ? » « Non, en général, je reste sur Lyon, je vois des amis… », je m'avance… « et vous êtes libre aujourd'hui ? » « Oui », mon cœur bat de plus en plus fort et j'ai bien peur que ma voix et mes mains ne tremblent… (et oui !!! mine de rien, je suis timide quand même !!) mais je me lance… » dans ce cas, puis-je me permettre de vous inviter à poursuivre notre conversation autour d'un verre quatre étages plus haut ? » sourire irrésistible, voix enjouée « pas de problème !!» Ouf !!!! Dix-huit heures… nous ramenons notre fraise chez moi. Nous poursuivons ainsi notre conversation si bien engagée… et là… c'est lui qui va se lancer, au détour d'un verre, et m'embrasser… Ouah !!!! Malheureusement, comme d'habitude dans les bons moments, l'heure tourne deux fois plus vite, la pendule scande nos dernières secondes… et le travail l'attend. Mais ce n'est pas grave !! Nous nous retrouverons plus tard dans la soirée. Nous resterons ensemble jusqu'au début de soirée du lendemain. Quels moments agréables nous avons passés !! Quel charmant jeune homme !! Et quel bon amant !! Par la suite, nous nous échangerons des SMS, nous nous retrouverons au bowling, chez moi, jusqu'au jour où… plus de nouvelle (bonne nouvelle !!?) plus de texto… silence radio !!! C'est dommage, il était sympa et faute d'être un amant, il aurait pu être un pote… il me semblait ouvert d'esprit et pas idiot… sa conversation était agréable, mais bon… c'est pas grave, de toute façon, je n'ai pas envie de me prendre la tête… si j'ai envie d'une relation avec quelqu'un il faut qu'elle soit simple…

— Vous auriez peut-être pu vous aimer ?

— peut-être aurais-je pu l'aimer ? je l'ai certainement aimé !! Évidemment, je ne sais pas faire les choses à moitié, je fonce et je les fais plutôt à deux cent pour cent, d'ailleurs sinon, je considère qu'elles sont mal faites !!! Et puis c'est comme ça, c'est dans ma nature…!!

— oui mais, résultat des courses, tu es toute seule et à part des moments de conversations et de plaisirs sexuels retour à la case départ ?!!

— Comme c'est simpliste comme vision des choses !!! J'ai eu beaucoup de plaisir à le rencontrer, à partager, à discuter avec lui, à rire et à faire l'amour… et même à dormir dans ses bras !!! Je remarque à cette occasion que, quand même, je rencontre des amants de plus en plus « performants »… disons qui me conviennent !!! À moins que ce ne soit moi qui apprécie de plus en plus ?? Vais-je devenir nymphomane ??? Et que va-t-être le prochain ???!!!

— Il ne t'a apporté que ça… de futiles et éphémères moments de plaisirs ?!!

— Oh que non… !!! Il m'a apporté beaucoup plus que ça !!! Et certainement beaucoup plus qu'il ne peut l'imaginer… et c'est pour ça que je souhaitais le revoir… pour le remercier quelque part !

— Et pourquoi ?

— Parce qu'il m'a ouvert l'esprit, il m'a redonné goût aux voyages, j'ai envié son indépendance et son goût de la liberté, il m'a donné de la chaleur !!! Et plus encore, là où ça a été très fort, et c'est encore une fois ce qui me fait dire qu'il n'y a pas de hasard, il m'a fait grandir !!! Et oui, un beau jeune gosse de vingt-trois ans m'a fait grandir !!! Marrant non ?! Il m'était nécessaire de le rencontrer et de vivre ça avec et par lui pour continuer à aller de l'avant. Grâce à lui, j'ai mis des mots sur quelque chose qui me faisait mal depuis longtemps et dont je souffrirai longtemps encore si je ne réagis pas… il m'a fait comme un « déclic », une prise de conscience de quelque chose de très important… qu'il fallait que je « mette à plat ».

— Quoi ?

— Ça remonte loin… c'est l'histoire d'une petite fille de sept ans qui, à la base, comme tout le monde, a un papa et une maman… et puis soudain… il n'y a plus de papa… il part, il laisse sa petite fille… mais sans lui dire qu'il part et sans lui donner de nouvelle… et la petite fille qui ne sait pas, attend son papa, elle pense qu'il va revenir, demain ou après-demain, ou le jour suivant… mais il ne revient pas… les jours s'écoulent… la petite fille se sent alors « abandonnée » par son papa… et elle ne comprend pas… qu'a-t-elle fait ? A-t-elle été méchante ? Ne mérite-t-elle pas d'avoir son papa ? Et elle est malheureuse… sans comprendre pourquoi, sans savoir pourquoi… Ce malaise va rester inscrit en elle. En grandissant, sa peur de l'abandon va rester… elle ne veut plus jamais être abandonnée… Ado, elle a des petits copains… qu'elle ne garde jamais très longtemps… elle papillonne !!! Elle s'attache très fort et plaque tout… jeune femme, elle continue de jouer la même carte… dès qu'une relation sympa s'instaure, elle coupe tout… elle a tellement peur qu'on l'abandonne qu'elle se « sabre » toute seule… au moins elle est certaine que plus personne ne l'abandonnera… puis elle grandit… elle prend conscience qu'il y a un « petit » problème… À vingt-huit ans, elle « quitte » son père, elle en fait son deuil. Elle ne devrait plus avoir peur de l'abandon désormais. Surtout qu'en fait, elle a eu une mère très présente et suffisamment aimante ! Mais finalement, elle ressent toujours un malaise mais elle ne lui met pas de mot… le temps passe… c'est un malaise diffus. Et là, par un bel été, elle rencontre ce beau gosse de serveur, Christophe. Une « relation » s'instaure… et, du jour au lendemain, plus de nouvelle !!!! Encore une fois la carte de l'abandon !!! Désormais, elle devrait savoir gérer. Mais non… le malaise remonte à la surface… en bloc… il rejaillit brutalement… ça fait mal… et là… un déclic !!! Je comprends soudain que le truc qui me rend dingue, c'est le silence, les non-dits, ça me rends complètement folle, ça me torture… je me rends compte que j'ai BESOIN qu'il me DISE qu'il ne veut plus me voir… je me rends compte que ce n'est pas la rupture de ces bons moments de plaisirs qui me fait mal, ce sont les non-dits !! Quand le doute s'installe !!! Je me fiche de connaître ses raisons quelles qu'elles soient… (bien que par curiosité peut-être, mais souvent il n'existe pas de motif bien précis, c'est comme ça, c'est « au feeling »), j'ai juste besoin de l'entendre me dire STOP ! Je ne supporte pas d'avoir à supposer que cette relation est terminée, je veux qu'il me le dise !!! Je refuse d'être abandonnée sans un mot, en douce, subrepticement et lâchement comme l'a fait mon père !!!! Je le refuse et ça me rend dingue !!! Je ne le supporte pas !!! Et voilà, c'est tout bête mais ce truc qui me rongeait, c'était ça… je ne savais pas pourquoi j'avais mal, maintenant je le sais !!! Bien entendu, je savais que j'avais un problème à résoudre. Ça peut paraître tellement évident que c'en est d'une triste banalité… d'autant que je pensais avoir réglé ce problème avec mon père à partir du moment où j'ai pris conscience que j'avais une peur bleue de l'abandon… mais c'était une vision trop simpliste, trop globale… Il manquait des maillons de la chaîne !!! Comme quoi, il est parfois difficile de mettre des mots sur des maux qui sont issus de mots non-dits !!!!Voilà ce que je lui dois, entre autres !!! C'est chouette non ? Et puis autre chose qui me semble importante, je lui dois aussi ces écrits… après tout je suis partie de questions qu'il m'a réellement posées, comme d'autres d'ailleurs, les premières en l'occurrence, qui m'ont permis de « démarrer » et de donner une trame à ces écrits !!! C'est chouette aussi non ? Voilà… à suivre…

— Qu'est ce qui est à suivre ?

— À savoir s'il me rappellera ou pas et s'il passera ou pas... Il est vrai que j'adorerais qu'il passe et qu'il me prenne dans ses bras en me disant : « mais non, je ne t'ai pas abandonnée, et je ne t'abandonne pas... pas encore, et puis je ne t'abandonnerai pas en douce, je te dirai quand ce sera terminé, je ne te laisserai pas dans le doute, je ne serai pas lâche »... voilà... ça, ce serait la « cerise sur le gâteau » !!!! Je sais que toute bonne chose a une fin !!! Et c'est bien ce qui m'embête parfois !!! C'est la vie c'est comme ça... dans tous les cas, je ne regrette rien... je ne veux pas avoir à regretter... voilà... pour l'instant j'en suis là... stand-by... Il ne m'a pas rappelée, et c'est pour ça que, têtue, je suis passée au bowling... D'excuses bidons en excuses bidons... qu'il n'a pas à donner... ce n'est pas ce que je lui demande... Bref... il n'a pas la tête à ça, pas le temps et pas l'envie... c'est terminé... « rien n'est jamais définitif » me dit-il... « on se retrouvera peut-être ? »... « dans une autre vie ?!!» lui ai-je répondu !! Il pensait peut-être passer un jour pour me le dire... n'empêche, même s'il a quelque part joué la carte de la lâcheté, maintenant il peut passer quand il veut... c'est sans rancune !! J'ai dit « dommage, j'aimais bien nos "peau à peau" »... « moi aussi » m'a-t-il répondu... « mais je suis un jeune con... il ne faut pas que ça dure, pour garder le meilleur... »... vrai ou pas, je me fiche de ses motifs, quelque part, il réagit un peu comme moi !!! Il ne souhaite garder que les bons moments !! mais je pense que quand quelque chose a un goût de « reviens-y », je ne vois pas l'utilité de s'en priver... chacun réagit à sa façon !!! Que cache une telle instabilité ? Dans tous les cas, il a encore le temps de « grandir » et de ne plus avoir peur d'affronter je ne sais quels démons !!!... Enfin bref, maintenant je sais, je suis fixée et je m'en sens plus légère...

— C'est tout l'effet que ça te fait ?

— Oui... et non... Disons que je lui en veux de m'avoir laissée « mijoter » !! Et puis, si tu apprécies bien un certain gâteau au chocolat et qu'on te dise... « demain plus de ce gâteau ! Régime !!! »... c'est quelque part frustrant, bien sûr !!! car tu en as encore envie...

mais il n'y a pas mort d'homme, et puis tu te souviens que tu as eu l'occasion de te régaler, d'en profiter un temps… et d'avoir eu du plaisir… c'est quand même mieux que de ne pas y avoir goûté et de ne pas avoir connu ce plaisir !!? Toute bonne chose a une fin… il faut accepter, c'est tout. Même si le régime… ce n'est pas toujours ni sympa ni agréable !!! Et ce beau gosse m'a apporté beaucoup… alors, comment pourrais-je lui en vouloir plus que ça ?!..c'est comme ça, c'est la vie et c'est bien… je tourne la page et je passe à autre chose… j'ai d'autres aventures aussi palpitantes et enrichissantes à vivre… mon avenir, c'est demain… hier, c'est ce qui a fait celle que je suis aujourd'hui… chaque jour plus riche, plus forte, plus sensible et plus pleine de vie !!! Je crois que c'est d'ailleurs la première fois que je ressors aussi riche d'une relation aussi courte !!! Comme quoi, je dois m'améliorer petit à petit !!! ? J'arrive à tirer « profit » même de courtes relations !!! Je reste néanmoins convaincue que ce n'est pas un hasard… puisque je me sens heureuse… !! Je devais vivre cette « relation » !!! C'était encore une étape de ma bonification, tout comme celle du vin !!!

— En fin de compte, il te laisse choir et toi… comme une conne (passes moi l'expression !!), t'es heureuse ?!!! Tu serais pas un tantinet maso ??!!!

— Alors là !!!! Pas du tout !!! J'en prends mon parti, bon gré mal gré, c'est tout !!! Je ne vais tout de même pas pleurer et me lamenter sur mon sort parce qu'un beau gosse, qui m'a apporté des choses précieuses, m'en prive… même si, en effet, c'est réellement une privation !!! Il faut arrêter de délirer !!! Je vais me répéter mais, en pesant les bons moments, la richesse que ça m'apporte, je gagne beaucoup !!! Faut arrêter de se prendre la tête et de se morfondre sur sa petite personne !!! OK, c'est pas toujours facile !! C'est vrai, on n'en demande pas forcément beaucoup !!! Des bons moments de vie… et de rires… et de plaisirs… et de câlins… et d'affection… oh, oh, ça commence à faire !!! Mais bon, ça ne peut pas toujours être dans les bras du même !!? Il est vrai que quand mes amies me demandent… « alors, tu as des nouvelles de ton p'tit serveur ? » et que je leur réponds que nenni, elles se rangent derrière un « qu'est-ce qu'ils sont nases ces mecs !!! Tous les mêmes et il n'y en a pas un pour rattraper l'autre !! Y en a marre des mecs !!! ». Elles sont en train de se vacciner… de se blinder parce qu'elles sont trop dégoûtées de ce qu'elles ont vécu, en oubliant qu'elles ont quand même passé de bons moments !!! Avec plusieurs hommes…

— Ainsi, tu prônes l'infidélité ??

— Pas du tout !!! D'ailleurs, j'ai toujours été très fidèle dans mes relations « prolongées » !!! Mais aujourd'hui, je suis célibataire et je n'ai pas de relation prolongée !!! Donc, quelque part, je crois que la meilleure façon d'oublier que tu es privé d'un certain dessert, c'est d'en goûter un autre !!!! Et de savoir l'apprécier !!!

— Et c'est toi qui mets fin ?

— Ah non !!!! Depuis quelque temps, j'avoue, avec grand plaisir quelque part, car cela prouve au moins que j'ai réglé certains soucis avec ma personne, que ce n'est pas moi !!! Ou pas par ma faute !!! Le beau gosse de serveur, ça vient de lui… cet autre, Yvon, qui avait menti sur son âge pour me séduire – j'avais décidé de cesser mes relations avec les jeunots… chassez le naturel, il revient au galop !! – n'était jamais là quand il fallait. Le jour où il m'a vraiment posé un lapin de chez lapin, pour me « venger » de sa muflerie, j'ai déposé chez Emmaüs, la chemise et la cravate qu'il avait oubliées à la maison !! Gentille vengeance ?! Mais dommage pour lui, il s'est retrouvé affublé du sobriquet de « compagnon d'Emmaüs » par ses copains, pendant un petit bout de temps !! D'ailleurs aujourd'hui, je ne lui en veux plus et nous avons eu l'occasion de nous revoir et faire la fête ensemble…

Le suivant, c'est vrai, il avait dix ans de moins que moi… p'tit handicap dès le départ… ne savait pas ce qu'il voulait… nous étions bien, il était tous les jours à la maison et ça se passait très bien… nous étions heureux, quand soudain, au bout de trois mois, le clash… il a pris peur… de son petit bonheur… il avait et je crois qu'il a toujours certains problèmes à régler avec lui… il m'aimait, il ne m'aimait pas, il ne savait pas… nous sommes quand même restés « ensemble » sept mois !!!! C'est vrai que c'est moi qui ai décidé de stopper là cette relation tordue, mais c'est lui qui l'avait créée.

Avant lui… un homme « pris », Fabien, nous avons été très épris l'un de l'autre mais ça ne pouvait pas faire mon affaire indéfiniment !!! jouer le second rôle n'est pas toujours facile !!! encore avant, et on commence à remonter un peu loin, c'était il y a quand même quinze mois !!!!

Didier le p'tit motard ne m'a pas supportée !!!

D'ailleurs je me souviens bien de quelqu'un, Guy, puisque c'est devenu un copain, qui n'a pas non plus supporté mon côté « extraverti » !!!! et en plus dès que je commence à parler « sérieux » de la vie des célibataires, ça lui déplaît fortement !!!! Je crois qu'il est un peu « coincé » et très « vieux garçon » !!! C'est pas grave, il est bien sympa quand même !! Et puis il faut apprendre à apprécier les gens tels qu'ils sont… avec leurs qualités et leurs défauts !!!! C'est tout ce qui fait leur personnalité !!!! Et on apprend même à aimer les défauts de certaines personnes, parce qu'on peut s'en « jouer » en partageant !!! C'est marrant !!!

— Tu veux dire que tu aimes les défauts des autres et que tu en joues ? C'est pas très gentil ??!!!!

— Mais non !!! Mais quand tu aimes quelqu'un comme j'aime les gens… tu les aimes dans leur globalité… avec leurs qualités… et aussi… leurs défauts !!!! Et on en a tous !!! Et heureusement, si nous étions tous parfaits, que le monde sera « plat » !!! Bien sûr que j'apprécie énormément les qualités des gens que je côtoie, mais j'apprécie aussi leurs défauts… ils font partie intégrante de leur personnalité, c'est ce qui fait qu'ils sont eux et pas quelqu'un d'autre !!! Au même titre que leurs qualités !!! À ce titre CESARE PAVESE écrit : « tu seras aimé le jour où tu pourras montrer tes faiblesses sans que l'autre s'en serve pour affirmer sa force. » Voilà, c'est ça l'amour des autres, tout simplement, aimer l'autre tel qu'il est !!! Et quand tu connais certains défauts, et que l'autre sait que tu les connais, là, tu peux « jouer », en rire quoi !!! C'est encore un partage !! Ça met du relief dans la vie !!!! Vois, avec ma famille et mes ami(e)s, c'est comme ça !!! Prends Maman par exemple, elle a quelques difficultés avec la cuisine, disons qu'elle a tendance à tout faire brûler… elle met un plat sur le feu et s'en va faire dix mille choses à la fois… forcément, elle oublie sa gamelle et ça crame !!!! Tout le monde le sait et la charrie… mais on en rit tous ensemble de bon cœur !!! À savoir que quand elle veille, elle nous fait de bons petits plats !!! Et puis heureusement, son chéri est là… excellent cuistot !!! Quant à mon frère, qui est constamment en retard, quand on veut qu'il soit là à l'heure, on « triche », on lui donne rendez-vous au moins une demi-heure avant l'heure prévue !!! Il finit toujours par le savoir et encore une fois, nous en rions tous de bon cœur !!! Et pourtant, parfois, c'est un sacré défaut bien pénible pour ceux qui attendent !!!

— En fin de comptes, tu aimes les gens comme ils sont, mais eux, t'aiment-ils comme tu es vraiment ? Et finalement, ne cherches-tu pas quelque chose de plus, à travers les autres ??

— J'aime les gens comme ils sont, OK, sachant quand même qu'il y a certains défauts que j'exècre… et sur lesquels je ne passe pas !!! Ce n'est pas pour autant que je n'aime pas la personne en question, j'essaie d'apprécier le personnage dans sa globalité, sauf son défaut ! Et je ne vais pas la côtoyer plus que ça si « ça » ne passe pas. Sinon… pour te répondre… parfois je me dis qu'à travers ces conquêtes et toutes ces expériences qui m'enrichissent, je suis en quête de quelque chose d'encore plus grand, d'encore plus fort, plus puissant… sans doute tellement puissant que je dois passer par ces étapes d'expériences enrichissantes, qui sont comme une sorte de « formation » ou une « initiation », afin que le souffle de cette puissance ne me « souffle » pas justement, ne me fasse pas perdre pieds !!!! Quelque chose de trop fort !!!

— Quelle foi !!! Mais ce serait quoi ?

— Je ne sais pas. Si… je sais… L'Amour… l'amour avec un grand A, l'amour « universel » ramené à une certaine intimité, l'amour immense, puissant et si vulnérable, si fort et si doux à la fois, si passionné et plein de raison, si intime et tant partagé, tellement « prenant » et tellement altruiste, tellement attirant qu'il peut en être effrayant, tellement envoûtant et tellement juste… L'Amour quoi ! Le même amour que je partage avec ma famille et mes ami(e)s que je partagerai aussi avec l'homme qui partagerait ma vie !!!

— À t'écouter, on dirait que tu ne l'as jamais connu !!?

— Qui sait ? J'ai bien dû en connaître les prémisses… mais ça n'est jamais allé jusqu'à cette apothéose !!!…

— Que tu souhaites, quelque part ?

— Oui, ce sera l'accomplissement de ma vie je crois… LA grande révélation de ma vie !!!! Mais qui ne veut pas ça de la vie ?

— Tout le monde veut ça mais certains se contentent de moins !!!

— Ah !!!! C'est peut-être pour ça que je suis encore célibataire alors ??!!!

— En fait… on pourrait l'expliquer ainsi… mais, quelque part, pour pousser un peu plus loin le bouchon… tu n'es donc jamais contente ? Jamais satisfaite de ce que tu as ?

— Bien sûr que si !!!! Sinon, je ne serais pas heureuse !!!!

— Oui mais tu veux plus ! !!?

— Oui et alors ? Ça n'empêche pas d'être heureux !!!! Il faut savoir apprécier ce qu'on a !!!

— OK, tu es heureuse, tu apprécies la vie et ce que tu en as, tu l'aimes même, on peut le dire ! Mais tout au fond de toi… tu dois bien être malheureuse puisque tu n'as pas ce que tu veux ??!!

— Pas encore !!! Chaque chose en son temps !! Tout vient à point à qui sait attendre !!! J'ai confiance !! Ça viendra !!! Et puis je ne vais pas me morfondre sur ma petite personne alors que j'aime tant vivre et que j'ai de quoi vivre heureuse !!! ?

— Ok mais quand même… alors, tu es malheureuse parfois ?

— Non… et oui… et non… et oui et peut-être mais… et alors ??!!! Ça me rappelle que je suis vivante !!

— Et si en vieillissant, rien ne vient ?

— Ce sera pour une autre vie !!!!

— Ah… donc finalement, tu as la foi… mais pas tant que ça ??!!

— Si… tant que ça !!! Ma vie n'est pas forcément limitée à celle-ci !! Et je sais que ça ira… que ça viendra… j'ai confiance… j'y crois… Maintenant, quant à savoir si on m'aime telle que je suis, et bien oui, je crois que certains savent m'apprécier !! On dit par exemple qu'on ne choisit pas sa famille !! Bien que je « triche » un peu car la mienne est « reconstituée », je peux te dire que j'adore les miens et qu'ils me le rendent bien !!! Quant à mes ami(e)s, je n'en ai pas des tonnes… des vrai(e)s ami(e)s, mais ils savent m'apprécier… telle que je suis !!! Du moins je le crois !!! Et j'aime le croire !!! Et le tout, avec mes qualités et tous mes défauts !!

— Tu en as donc tant que ça ? Tu n'arrêtes pas de dire TOUS mes défauts !!

— Hum… je préférerais parler de mes qualités – et oui, il faut bien que je me fasse « mousser » !! « Je suis d'une modestie époustoufifiante » me dit souvent Mumu !!! mais puisque tu insistes… oui… j'en ai… quelques-uns… peut-être un peu plus que d'autres !!!

— Lesquels ?

— Oh, je ne les connais pas par cœur !!! Mes qualités par contre… je les connais… elles se transforment parfois en défauts d'ailleurs !!! Par exemple, j'aime faire la fête… à outrance parfois !!! J'aime manger… à outrance aussi des fois !! J'aime boire… à en abuser quelques fois !!! Chacun ses démons !!! J'aime discuter… à en soûler certains… je suis fière… et susceptible tantôt… très émotive et réactive… défaut ou qualité, ça dépend des circonstances !!!! Trop « cash » parfois… c'est pareil… défaut ou qualité, ça dépend encore une fois des circonstances et des interlocuteurs !!! Chaque qualité a ses défauts et chaque défaut sa qualité !!!… et puis… nul n'est parfait !!! C'est comme ça… à prendre ou à laisser !!! Certains prennent, certains jettent !!!

— Ah oui, t'es comme ça toi, à prendre ou à laisser… décidément tu es fière en effet !!! ?

— Et pourtant, parfois, je n'ai vraiment pas de quoi !!! Il m'arrive d'être vraiment très conne !!! Fierté mal placée, frustration… c'est ce que tu veux… mais tu vois, la dernière fois que j'ai eu mal, quand je me suis fait « plaquer », au lieu de rester moi, de me regarder bien en face, de réagir avec aplomb… et bien non… il a fallu que je me retourne la tête !!! Et comme ça… je déverse toute mon agressivité… je me comporte très mal… je me « sabre » complètement et définitivement, encore une fois !!, comme si je souhaitais finalement que l'autre ait une réelle bonne raison de me laisser… et de me détester, et j'en ai ensuite très honte !!! Je n'ai plus qu'une grosse boule d'angoisse… je me sens misérable, nulle, abjecte… tellement idiote et finalement tellement pas moi au fond… j'aurais mieux fait de rester chez moi un certain temps, de pleurer un bon coup… de bien réagir quoi !!! Or, là, extérieurement, j'ai bien réagi sur le coup… mais en fait… le fait même de me faire « virer » sans bonne raison, disons sans que je n'aie rien fait de mal, m'a chamboulée, ça doit être humain !!! Je sais, c'est très bête, mais c'est comme ça… Je ne supporte pas d'être mise au régime comme ça, bêtement… alors j'ai inconsciemment créé un bon motif de l'être… désormais, je suppose qu'il me déteste, qu'il me trouve bête, puérile, misérable, vulnérable… tout ce qu'on peut ne pas aimer chez quelqu'un… d'autant que mon attitude a dû lui sembler « gratuite », je suppose qu'il n'a même pas cherché à savoir ou comprendre pourquoi je me mettais dans cet état… et c'est humain… il a autre chose à faire que de se préoccuper d'une nana qu'il a, à l'occasion, « connue ». J'en deviens vulgaire et méchante à mon égard… mais je ne mérite pas mieux… Je me demande aussi parfois si je n'ai pas voulu lui faire « payer » ma douleur… C'est là des fois que je me dis que je suis vraiment un « scorpion », je construis… je détruis… je me construis… je me détruis… et j'ai parfois peur, et je me dis que, tant qu'un homme ne m'aimera pas assez pour m'éviter de me détruire, ce cercle infernal continuera…

— Ton remède, la solution, ce serait donc l'amour d'un homme ?

— Ni plus ni moins, je crois… malheureusement…

— Pourquoi malheureusement ?

— Parce que quelque part, j'en veux beaucoup !!! Cet amour, je l'ai mais je ne rencontre pas cet amour « unique » dont j'aurais tant besoin !!! Existe-t-il seulement ?

— Ouh… et ta foi ?

— Elle défaille et déraille parfois !!!!! Mais ça reviendra… c'est peut être juste parce qu'en ce moment, je me sens très seule au fond de moi… sans aucun doute à cause de ma dernière connerie de débauchée moyenne très nulle !!!! C'est pour ça que je n'ai pas envie de tomber dans l'alcool, ce serait le démon qui m'ôterait ma foi… d'ailleurs c'est ce que je dis souvent… l'alcool est mon démon… c'est pour ça qu'en général, je me maîtrise… mais quelques fois… je dérape !!! Peut-être pour ne jamais oublier… et ne pas tomber réellement dedans !!? Je ne sais pas… Ce que je sais juste maintenant, c'est que j'ai toujours cette grosse boule d'angoisse, comme si j'avais peur de quelque chose… une appréhension… je ne sais pas pourquoi…

— Vraiment ?

— Euh… peut-être parce que je boirais bien une petite bière mais que j'ai peur de moi… c'est peut-être ça… c'est peut-être autre chose… Je me sens si vide… si seule à l'intérieur que j'ai peur de boire une bière, puis deux, puis trois… juste pour me « remplir », comme pour combler un vide justement…

— Dis donc, c'est la trentaine passée qui te travaille à ce point ?

— Je ne sais pas… j'ai toujours rêvé d'amour… peut-être que j'en veux trop ??!! Je ne sais pas. Parfois, je me le demande… mais comme justement je ne veux pas de médiocrité dans une relation affective… ce n'est pas évident !!! Il ne me reste qu'à prendre mon mal en patience… à rester seule avec moi et l'accepter pour en souffrir moins…

— C’est étonnant quand même comme ton discours a évolué depuis le début de notre conversation… Tu étais plus optimiste au début. Tu te sens « seule », tu ne ressens donc plus tout cet amour que tes relations t’apportent ??

— Je le suis toujours… optimiste… empreinte d’une certaine tristesse peut-être, mais ma foi est toujours là – forte et comblée de cet amour que m’apportent les miens – quelque part, au fond de moi et va bientôt rejaillir, source salvatrice !!!

— Tu te révèles plus vulnérable…

— Qui ne l’est pas ? On a tous notre talon d’Achille !!! ?

— Disons que je te trouvais plus « philosophe » !!!

— Même les philosophes ont leur coup de blues !!! ?

— Dis donc, tu veux toujours avoir le dernier mot !!

— D’ailleurs en fait, je ne me départis pas de mon espoir, malgré peut-être les apparences !!! D’abord !!! Ça n’est que ça, ma vie de célibataire !!…elle fait des vagues monstrueuses parfois !! Il y a des hauts et il y a des bas !! Et je ne surfe pas toujours très bien !! Tu vois, par exemple, il y a quelques jours, lors d’une soirée, j’ai croisé le regard d’un beau jeune (et oui encore un jeune !!) homme… j’ai « craqué », je n’ai fait que me « rincer l’œil » et rêvasser… mais c’est bon !!! Ça me remplit le cœur que je trouve un peu désespérément vide en ce moment ! Je sais que ce n’est pas un gâteau pour moi, même si j’en grignoterais bien un morceau !! Juste parce que j’ai « craqué » sur sa petite pomme !! Et puis cet autre jour, je vais me sentir terriblement seule !!! Ça me semble terrible justement de dire ça alors que j’ai une famille et des amies supers… et mes « sacs à poils », mes chats que j’adore, qui ne me quittent pas… et qu’il se passe tellement de choses horribles dans le monde chaque jour… vois, ces enfants qui meurent de faim, ces attentats… et moi je devrais me sentir seule… pauvre petite !!…si petite justement dans ce monde immense, et pleurer sur ma pomme ?? Alors qu’il y a tant de malheurs partout ??!! Il me semble indécent de placer ma vie dans mon centre d’intérêts quand je vois tout ça !! Et en même temps, je ne suis qu'une femme, tout simplement qu'une femme, juste humaine… qui se dit justement que parfois la vie est trop moche et trop conne, alors je n'ai pas le droit de me « sentir » malheureuse, parce que je ne suis pas malheureuse !!! Par contre c'est vrai, parfois je me sens triste… parfois…

— Ne te sens-tu pas un peu prétentieuse de vouloir écrire une autobiographie alors que tu n'es qu'une inconnue dans la foule ?

— Sans aucun doute, ça l'est !!! Je ne suis pas une riche héritière séduisante et adulée, pas plus qu'une « pop star ». Pourtant j'aimerais peut-être bien, juste pour les dollars !!! Je suis juste quelqu'un de banal, qui mène une vie commune, qui parfois s'éclate, qui parfois souffre… ça n'est ni un polar, ni un roman rose, mais après tout, aujourd'hui, alors qu'on prône la communication – et que plus personne ne se cause !!! – pourquoi Mademoiselle « tout le monde » ne pourrait-elle pas s'exprimer en public ? Ça n'est pas pire que d'aller sur certains salons d'Internet pour y causer ou entendre dire des conneries monstrueuses !!! ? Donc, quelque part, si c'est effectivement un peu la vie de Mademoiselle « célibataire » – voir de « Monsieur célibataire » ??? pourquoi pas ?? La différence de sexe ne fait pas forcément une grosse différence de sentiments ??? Va savoir !!!- peut-être que certains se retrouveront et qu'en fin de comptes, ils penseront que je crie tout haut ce qu'ils ressentent au plus profond d'eux !!! Tout simplement !!! Et basta !!! Je ne vais pas, en plus, me prendre la tête sur ce que j'écris !!! ?? Après tout, je me fais plaisir, et si d'autres veulent partager, qu'ils lisent !!! ☺

— Pour en revenir à notre conversation et à toi tout particulièrement, pourquoi te sens-tu triste parfois ?

— Parce que j'ai besoin des hommes en général, j'aime plaire et/ou être appréciée, d'un homme en particulier, de sa chaleur, de son affection… sentir son regard sur moi, peut-être parce que je n'ai pas eu le regard de mon père… j'avais bien mon grand-père que j'adorais, mais il est toujours resté à sa place de grand-père, même si son absence physique me laisse un grand vide.

C'est drôle quand même, je n'ai pas eu droit à l'amour de mon père qui aurait dû être le « premier » homme de ma vie et aujourd'hui, je n'ai même pas un homme « à moi »... OK, avant c'était trop tôt, je n'étais pas prête, mais maintenant, j'ai grandi ! Et je le mérite, je crois. Avant, je croyais que je ne le méritais pas, puisque je n'avais pas eu droit à l'amour de mon père, il était comme ancré en moi que je n'avais pas droit à l'amour d'un homme. Maintenant, ce temps-là, c'est du passé, et je suis impatiente, un peu !!

— Oui mais dans ce cas, pourquoi craques-tu toujours pour des jeunes, disons des plus jeunes que toi ? Avec qui, quelque part, tu n'as aucun avenir !

— C'est ce que mon frère et mes amies me disent souvent !!! Je ne sais pas, il existe plusieurs hypothèses... Peut-être que je refuse tout simplement le temps qui passe ?! Je ne me vois pas vieillir et/ou je refuse de vieillir !! Et il est vrai que je ne me « sens » vraiment pas mon âge dans ma tête et je me sens souvent plus proche des jeunes que des gens de mon âge... je suis restée assez gamine !!! D'ailleurs, même mon beau gosse de serveur m'avait fait remarquer que par certains côtés j'étais encore plus gamine que certaines de ses copines de vingt-deux ans... mon émerveillement devant la vie le sciait toujours !!! Du coup, si l'homme en question était plus vieux, j'aurais l'impression de sortir avec mon père !! Et c'est une chose que je refuse absolument !! Je ne suis pas à la recherche de mon père !!! Juste à la recherche de l'Amour !! Il faut dire que j'ai une image du « père » assez « nouvelle » dans la mesure où mon « père adopté », Philippe, l'ami de maman, a quatorze ans de moins qu'elle !! L'image du père a donc pour moi, aujourd'hui, la quarantaine !!! et la mise en quarantaine par la même occasion des hommes de cet âge !!! et c'est un couple qui fonctionne bien depuis maintenant bientôt douze ans !!! De même, Brigitte, la moitié de mon frère Christian a neuf ans de plus que lui !!! (37 ans !!) Et ça fait environ dix ans que ça fonctionne !!! Ils ont d'ailleurs deux enfants merveilleux !!! Donc il est évident que, dans la mesure où j'ai sous les yeux des exemples qui fonctionnent, la différence d'âge n'est pas un obstacle pour moi !!! Elle n'est pas un frein à ma relation !! Maintenant, il semble qu'elle ne lui mette pas des ailes non plus ! !! Mais c'est pas grave, c'est comme ça !!! Il faut peut-être que je grandisse encore ? ! Et puis, il est vrai qu'il paraît que je ne fais pas mon âge physiquement !!! Alors qu'à cela ne tienne !! Autant que j'en profite !! je prendrai des rides bien assez vite !!! Je ne suis pas du tout pressée !!!!

— Et tu as peur de vieillir ?

— Vieillir... je ne pense pas... le temps passe, inexorablement, et on ne sent rien !!! Vraiment !!! Maintenant, c'est vrai que j'ai beaucoup de mal à m'imaginer vieille et seule sans descendance... ça, c'est vraiment un truc qui ne passe pas !!...

— Mais que vas-tu faire si le temps passe et que tu es toujours seule ? Imagine, à quarante ans, seule ? À ce moment, ne chercheras-tu pas à te « caser » envers et contre tout ?

— Me connaissant, ce serait vraiment faire de sacrées concessions que de me « caser » envers et contre tout !! Faire abstraction de mon « idéal » de vie !!! Par conséquent, je ne pense pas !!! Disons que je m'étonnerais beaucoup !!! Peut-être aussi, me décevrais-je dans ce cas !!! Mais, après tout, je peux changer... il ne faut jamais dire « fontaine, je ne boirai pas de ton eau !!»

— Ferais-tu un enfant « toute seule » alors ?

— Je ne pense pas non plus !!! Ce serait encore une fois faire abstraction de mon idéal et plus encore de mes convictions !! Pour être une enfant du divorce, je suis et reste convaincue qu'un enfant doit être conçu à deux et élevé par deux...

— Tu es donc contre le divorce ?

— Pas forcément, si les parents sont mal ensemble, l'enfant le ressent forcément à un moment ou à un autre... et si on reste dans les non-dits, il risque de culpabiliser là où il n'y a pas lieu, par conséquent, au pire, même si divorce il doit y avoir, les adultes se doivent d'être deux individus responsables en continuant d'élever leur enfant à deux sans se battre comme chien et chat, que ce soit pour la « garde » (un enfant n'appartient pas à l'un ou à l'autre, il « n'appartient » à personne pour être un individu à part entière et K. Gibran, un auteur que j'affectionne tout particulièrement en parle très bien : « Les fleurs des champs sont les enfants du soleil et de la nature. Les enfants des Hommes sont les fleurs de l'amour et de la compassion. ») ou pour les droits de visites… Je ne déteste rien de plus que ces parents qui se battent, souvent même devant l'enfant, de façon égoïste, en négligeant complètement les intérêts de l'enfant en question, qu'ils ont quand même, en général, conçu ensemble dans l'amour… pourquoi, parce qu'on se sépare ou qu'on divorce, devrait-on ressentir tant de haine ? Pourquoi devrait-on avoir tant de rancœur envers l'autre, alors que justement, on ne peut plus envisager de vivre ensemble quelles qu'en soient les raisons ? Quand un enfant est en jeu, on devrait, il me semble, faire abstraction de sa petite personne, de ses frustrations, de sa fierté peut-être, et essayer de faire « contre mauvaise fortune bon cœur » juste pour son enfant… alors OK, c'est peut-être facile à dire… mais je crois que c'est comme ça que ça devrait être… et certains y arrivent !!! Plus parmi la génération actuelle peut-être… pourtant nous ne sommes pas plus intelligents que nos parents… mais sans doute que le vécu et l'histoire servent de leçons !!!

— Ainsi, tu en veux à tes parents d'avoir divorcé ?

— Non, je ne leur en veux pas d'avoir divorcé… la vie commune n'était plus possible… à moins que maman ait pu supporter les infidélités de mon géniteur !!!! Par conséquent, je ne peux pas en vouloir à maman… mais par contre, je leur en veux, de ne pas m'avoir expliqué cela… il est vrai qu'à l'époque, le divorce et ses motifs étaient tabous, c'était mal vu de divorcer !!!, de ne pas m'avoir expliqué clairement qu'ils ne vivraient plus ensemble… et puis oui, un gros oui, j'en veux à mon géniteur de m'avoir complètement délaissée, abandonnée… je n'existais plus pour lui !!!! Et je n'existe d'ailleurs toujours pas à ce jour non plus… la différence, c'est qu'aujourd'hui, j'ai choisi mon camp, j'ai pris la décision de le

« renier », comme lui l'a fait, bon gré ou mal gré d'ailleurs, mais le résultat est le même, il l'a fait, il y a une trentaine d'années… Il n'a jamais été présent… il travaillait de nuit… soi-disant, je n'ai aucun souvenir relatif à mes parents ensemble ou même à mon père tout court… dans mes souvenirs je n'ai qu'une maman.

— Ton géniteur, je suppose que c'est ton père ?

— Bien supposé !!

— Pourquoi géniteur ?

— Parce qu'il n'a été là que pour planter sa p'tite graine !!! Un père est celui qui élève son enfant !! Lui ne m'a pas élevée, ne m'a pas regardée, donc ne m'a pas aimée… je n'avais qu'une maman.

— Et puisqu'on en est à la famille, tu m'as parlé de ton « père adopté », l'ami de ta maman… pourquoi ce titre ?

— Parce que lui s'occupe de moi comme si j'étais sa fille, il me considère… tout simplement !! Et son fils Florian, c'est mon petit frère !! Pour te dire, quand il se met en colère et qu'il crie, ce qui est extrêmement rare, il me fait peur !!!! Je n'ai jamais eu l'habitude d'entendre un homme en colère !!! Et même si maman a dû se mettre en colère contre moi quand j'étais toute petite et capricieuse ou adolescente, parce que j'ai quand même fait un tas de bêtises, c'est pas pareil !!! Elle n'a quand même pas une voix tonitruante… même s'il ne fait pas bon croiser son chemin si elle est en colère !!! Ça, je te l'assure !!! Elle est plutôt d'une autorité « calme », mais quelle autorité ! Un peu comme Pépé (son papa). Heureusement, la plupart du temps elle est d'un naturel gai et se marre tout le temps !!!

— OK… je comprends pourquoi tu disais « tricher » au niveau de ta famille quand tu disais qu'en général on ne la choisit pas !! Mais pour en revenir à ta vie future… que je te souhaite riche d'aventures… si tu ne trouves pas l'âme sœur et que tu vieillis seule ? Que feras-tu ?

— Si vraiment je suis seule… soit je me laisse glisser de l'autre côté… en désespoir de cause… ce serait vraiment du désespoir… soit j'estime que je peux encore « servir » !! je continue à profiter des plaisirs de la vie… et si même mes chats ne sont plus là, à mes côtés, alors, je pars à l'aventure, je pars à la découverte de l'autre à travers des associations humanitaires… je me rends utile en quelque sorte !!. En continuant de m'enrichir… pas de dollars !!!, mais des autres… de la vie de ce qu'elle peut me donner… des joies, des peines, du bonheur, du malheur !!! Je continue de vivre quoi !!! Enfin, je l'espère… Je souhaite ne jamais tomber si bas dans le désespoir afin de ne jamais cesser de vivre… Et puis je n'aurai je crois, jamais le droit de m'en aller de moi-même, volontairement, tant qu'un membre de ma famille, ma famille actuelle je m'entends ! sera là. C'est ainsi… maman me l'a dit un jour où je n'allais pas bien du tout dans ma tête… elle m'a rappelé que je n'avais pas le droit de les laisser tomber… que ça leur ferait trop de mal… ce que je ne veux surtout pas !!! Par conséquent, j'en prends mon parti !! Il me faut vivre, toujours et encore !!! Au moins jusqu'à ce que la vie elle-même ne veuille plus de moi ici-bas !!! Eh… on m'attend peut-être aussi ailleurs ? Mais pour l'instant, ce n'est pas l'heure !!! Enfin, je l'espère !!! J'ai encore envie de vivre !!! Je suis pleine d'espoirs quant à mon avenir !

— Je sens comme si tu avais bien la frite en ce moment !!? Une aventure en vue ?

— Pas du tout !!! Dommage d'ailleurs !!!

— Tu me la raconterais ?

— Bien sûr !!! Et en détails même… juste pour faire un clin d'œil à un ami d'enfance de ma campagne !!!! Par conséquent… la suite au prochain épisode…

SEPTEMBRE 2001
Le vide…

29 septembre 2001

— Comment vas-tu en ce moment ?

— « Savoir attendre, savoir y croire pour tromper la peur du vide »… qu'est-ce que Florent Pagny chante bien… avec les mots justes… Mon travail marche bien… et je m'y réfugie. Tout au fond de moi, je me sens seule et vide. C'est le désert sentimental. Alors, comme le boulot, qui est un « soin palliatif » va, je me dis que ça va. Oui, ça va, mais quelque part, je me mens… moi aussi j'aimerais qu'on m'offre des fleurs, qu'on m'invite au restaurant… moi aussi, j'aimerais offrir des fleurs et inviter au restaurant… mais personne n'est là… l'absence. Je n'ai suivi personne et personne ne m'a suivie… personne n'a cherché mes yeux, personne n'a pris ma main et je n'ai cherché les yeux de personne, et je n'ai pris la main de personne. Ce soir, je vais danser avec des amis. Mais comme je me sens un peu tristounette, sentimentalement parlant, je n'ai pas du tout la tête à flirter… c'est pas grave, j'y vais pour danser et m'éclater comme une folle !!!

OCTOBRE 2001
Aie !!!! quelques changements en cours…

3 octobre 2001

J'ai envie d'écrire et de dire beaucoup… tellement, que les pensées se bousculent… difficile de mettre de l'ordre !!! Je me rends compte que j'ai envie d'aimer… j'ai tellement envie d'aimer fort… est-ce pour cela… J'ai rencontré quelqu'un samedi soir… enfin… on m'a fait, je crois, rencontrer quelqu'un… je n'étais absolument pas partie dans l'optique « drague »… tellement d'ailleurs que j'ai dû discuter un petit moment avec lui avant de le « draguer » à moins que ce ne soit lui qui m'ait draguée, je ne sais plus… Ça m'étonnerait, je me dévalorise ??? Depuis que je l'ai rencontré, je suis enrhumée…, je voudrais être parfaite et j'ai peur d'être rejetée, je me refuse à ressentir quoi que ce soit… mon corps parle à ma place… mon corps et mon cœur veulent ressentir encore des choses, des émotions… J'ai refusé de prendre son numéro de téléphone… je ne m'en veux pas, je ne regrette pas… soit je vis une aventure sympa… soit c'est un fiasco… soit il me rappelle et j'apprends à le connaître et… il en vaut la peine… nous en valons tous la peine… soit… c'était juste pour essayer… et ça en vaut toujours la peine… d'essayer… mais alors que je le refusais… j'ai son image dans la tête… ce que j'en ai gardé… qu'est-ce que je veux ? Qu'on m'aime incontestablement… sans prise de tête… simplement… purement… que j'aime… sans prise de tête… simplement… avoir juste une chance… ouais… j'ai des hommes dans ma vie… des beaux hommes même… mais ça s'arrête là… je veux plus que ça… je crois… même si on m'a fait remarquer que si ça n'allait pas plus loin c'est que je ne voulais pas rencontrer quelqu'un « plus que ça »… m'aurait-on percée en réalité ? Lui que je ne connais pas ? Et qui ne me connaît pas ? Et qui en plus ne me rappelle pas !!!!

<u>4 octobre 2001</u>

— Je n'ai pas le moral… mes affaires marchent… heureusement !!! Mais je suis triste, je ne mange plus, je bois, je fume, je pleure… je suis triste… je ne veux pas savoir pourquoi… mais je sais bien pourquoi… je veux de l'amour… je veux qu'on m'aime… et j'en souffre… terriblement !!! C'est con non ? Mais c'est comme ça… je suis frustrée aussi parce que cet homme ne me rappelle pas… c'est vrai qu'il n'a aucune raison de me téléphoner… j'ai fait la fière… je n'ai même pas pris son numéro de téléphone, comme si je m'en fichais !!! Et puis, beaucoup de choses nous opposeraient !!! Nos signes astrologiques déjà… il est gémeau, je suis scorpion.

— Et alors ?

— Et alors… Il divorce d'un scorpion !!! Mais pourquoi m'a-t-il demandé mon numéro de téléphone, si c'est pour ne pas s'en servir ? C'est stupide !! Ou bien il pense encore qu'il a fait une erreur !!! Pourtant aujourd'hui, je voudrais qu'il me rappelle… pourquoi ? Je ne sais pas !! Amour propre ? Juste envie d'en savoir plus sur lui ? Sans aucun doute !! Mais et alors ?

<u>5 octobre 2001 LE JOURNAL INTIME DE ZOÉ</u>

— J'ai envie de rebaptiser mes écrits, « le journal intime de Zoé », puisque j'ai grandi et que je ne crois pas que mes rêves de petite fille s'étiolent, parce qu'aujourd'hui je crois que plus jamais je n'aurai à apprivoiser cette solitude, et que d'abord, je ne suis pas une « vieille » fille !!! Je réalise que la vie est magique… si tu as les bonnes clés, elles t'ouvrent toutes les portes. Je crois en la vie, je suis la vie !! Zoé signifiant « vie », « existence » en grec, je considère le terme approprié !!! Je travaille toujours sur moi et depuis quelque temps je lis un livre sur la méta-médecine qui m'aide beaucoup… Ça fait beaucoup de déclics… tellement qu'il faut que je remette un peu d'ordre dans ma tête !!! Mais vraiment ce livre est fantastique… c'est *Méta médecine, la guérison à votre portée*, écrit par Claudia Rainville en collaboration avec Ginette Laliberté, je salue ces dames au passage, car vraiment, je suis enchantée de ma lecture, combien elle me fait du bien !!! C'est merveilleux !! J'y lis que l'enfant qui ne s'est pas senti accueilli par son père (ou sa mère) pourra ne plus avoir envie de vivre si on ne le regarde pas « papa, pose tes yeux sur moi pour que je puisse vivre ». D'où mon besoin de chercher le regard des autres, de séduire. Le sentiment d'un enfant de ne rien valoir aux yeux d'une personne qu'il considère comme importante pour lui, peut l'amener à vouloir se détruire. Et pour continuer, sur l'alcoolisme : l'alcoolique boit pour oublier, pour fuir sa réalité décevante, pour ne pas ressentir sa souffrance, son sentiment d'isolement et de solitude, pour faire croire qu'il n'a peur de rien ni de personne, il se détruit graduellement avec l'alcool pour nourrir sa rancune envers la personne qu'il rend responsable de sa douleur de vivre. C'est un peu mon cas… en bonne partie, complètement même, donc, ce soir, j'ai décidé d'ouvrir les yeux et mon cœur et faire cesser cette rancœur en accordant le pardon à papa… comme il m'est étrange d'écrire « papa », ce mot que je ne connais guère et que j'ai si rarement prononcé !!! Papa, je te pardonne de m'avoir fait souffrir. J'ai également compris pourquoi j'avais adopté cette attitude vis-à-vis de mon p'tit serveur, je voulais, quelque part, lui faire endosser la responsabilité de ma douleur. Puis, je pleurais, mélange de tristesse et de joie, et je pensais aussi à cet inconnu que j'ai rencontré samedi soir me promettant de lui laisser un message lui « reprochant » d'avoir pris mon numéro de téléphone pour ne pas me téléphoner !!

— Comment voulais-tu lui laisser un message puisque tu n'as pas pris son numéro de téléphone ?

— Et bien en fait, en boîte, il m'avait fait voir sa carte bleue pour me prouver que son prénom n'était pas un surnom… j'ai donc lu son nom de famille, sachant l'arrondissement où il travaille, rien de plus facile que de retrouver le téléphone de sa boîte !!! Enfin bref…

— Ça te « titillait » quand même ?

— Pardi !!! je continue… Et là… mon portable a sonné… et c'était lui !!! Magique non ? Alors que je pleurais sur ce papa que j'ai toujours mis en travers de ma route comme un obstacle à mon bonheur et alors que je pleurais de soulagement de ce pardon que je lui accorde… il se passe quelque chose… je dépasse un obstacle, je règle un problème et le bienfait s'en fait sentir immédiatement !!! Magique la vie !! Donc, il me téléphone en s'étonnant que je ne sois pas sortie… il me demande ce que je fais… quelle perche !!!

— « Rien de spécial, pourquoi, tu veux me tenir compagnie ? »

— « Oui »

— « Alors arrive… »

— « Oui mais où ? »

Je lui donne mon adresse, il arrive une heure plus tard. Lui aussi se demandait comment il s'était retrouvé à notre table. Nous retrouvons-nous donc ? Lui non plus n'était pas venu pour « draguer », dit-il… Ma confiance et mon inconscience quelque part, l'ont étonné. Nous avons passé une bonne soirée, peu dormi, fait l'amour… j'ai « profité » de ses bras jusqu'au matin, où il m'a laissée blottie. J'ai adoré ça… c'est top gentil !!! Il est très doux et ça me plaît… il est un vrai bonheur dans mon lit cet homme-là !!! Je le connais si peu et j'aime déjà nos « peau à peau » !!! Je ne sais pas où ça nous mènera… qu'importe d'ailleurs ? L'important est d'avoir du plaisir et de savoir prendre ce que nous donne la vie !!! J'ai pris conscience que ce n'est pas parce qu'il ne m'avait pas téléphoné dans la semaine – il y avait pensé quand même !!, dit-il – qu'il m'avait oubliée ou rejetée. Ce n'est pas parce que papa ne prenait pas contact avec moi qu'il m'oubliait !! Bref… good feeling.

— Et si ce n'est pas encore lui, l'homme avec lequel j'aurais envie de faire un bout de chemin – seul demain me dira – ce n'est pas grave !!! C'est qu'il doit faire partie de mon évolution et moi de la sienne !!! Je sais désormais que je ne dois pas avoir peur de demain… Mais voilà… samedi soir, je lui ai laissé un texto… auquel il ne répond pas, tu me diras, il ne nécessitait pas de réponse… mais malgré tout, ça me fait quelque chose… et là, pas encore forte de ma « guérison », je doute… de moi bien sûr !!! Ce silence me fait mal et je me sens « abandonnée » !!

8 octobre 2001

J'ai passé une bonne journée. Je vais de mieux en mieux chaque jour… donc mieux qu'hier et demain sera encore plus beau… J'ai toujours et à nouveau envie de croire en la vie et ce qu'elle me donne…

9 octobre 2001

Je progresse chaque jour. Hier soir, alors que je me sentais frustrée, que je n'étais pas au top de ma forme, que le travail que je fais sur moi me remue un peu le cerveau quand même !! Et que, ce charmant homme n'ayant toujours pas répondu à mon texto, je me replongeais dans la dévalorisation de ma personne. Là, j'ai eu un clic !! J'ai pris mon portable, désormais j'ai son numéro, et j'ai appelé. Premier appel, messagerie… je raccroche… je recommence… et là, il me répond d'une voix un tantinet endormie…

— « Tu vas bien ? »

— « Oui, et toi ? »

— « Tu as reçu mon texto ? »

— « Oui »

— « Tu pourrais dire que c'est sympa, gentil de ma part !!! »

— « Oui… et je n'allais pas y répondre de suite !!! »

— « P'tit con !!…tu as raison, il ne nécessitait pas de réponse !!! »

— « On se voit dans la semaine ? »

Mon cœur fait boum !!

— « Oui, ça me ferait plaisir… quand ? »

Ma tête dit : « cool » !!

— « Euh… mercredi ? »

Ma bouche dit :

— « Oui !!!, attends, je vérifie mon agenda… OK… mercredi… »

— « On se fixe une heure tout de suite ou on se rappelle ? »

— « TU me rappelles mercredi, mais pas entre 14 et 15 heures… »

— « Ah ça, je vais oublier !!»

— « Comment ça oublier ? »

— « Pas oublier de te rappeler, mais oublier que je ne dois pas appeler entre 14 et 15 heures. »

— « Ah, j'aime mieux ça !!! On mangera un bout ensemble ? »

— « Tu me fais à manger ? »

— « Euh… non, tu sais, enfin non, tu ne sais pas encore mais je ne suis pas une excellente cuisinière !!! Je t'emmènerai manger un bout à l'extérieur, on arrosera ma signature du matin !! »

— « OK »

— « À mercredi alors ? »

— « OK »

— « Bisous bye, bonne soirée !!! »

Je suis contente… je me revalorise… Je suis quelqu'un de pas mal et on peut avoir envie de me revoir… Nouveau déclic… je suis bête d'avoir douté… je ressens un grand soulagement… pas forcément par rapport à lui… grâce à lui plutôt… je réalise que je suis réellement quelqu'un, que je peux avoir une place, aussi minime soit-elle… dans la vie d'un homme. Il est évident que ce n'est pas que je n'aie jamais eu d'importance ou de place dans la vie d'un homme, ce n'est pas qu'un homme ne m'ait jamais rappelée, loin de là !!! C'est juste que je ne voulais ni voir ni entendre ce qu'on me disait ou ce que je pouvais représenter… et là, le déclic, comme l'autre jour concernant papa… la continuité de ce déclic dirais-je même, je ne suis pas une personne sans valeur qui ne vaut rien aux yeux des hommes, je peux leur sembler intéressante… j'ai ma place !!! Aujourd'hui, tout m'est permis. Rien ne peut plus m'arrêter, tout m'est possible !!! Je suis libre !!! J'existe !!! Et voilà ce qu'aujourd'hui, j'adresse à papa :

— « Papa, je veux juste te dire que je te pardonne de m'avoir fait souffrir et c'est dans le pardon que je trouve ma rédemption… c'est dans le pardon que je me « sauve » de moi. Je n'oublie pas que j'ai souffert, puisque c'est seulement aujourd'hui que je peux pleinement exprimer et extérioriser cette souffrance, puisque je lui mets des mots, et cette colère. À force de « travailler » sur moi, j'ai grandi !! Cela fait sept années que j'ai pris conscience que j'avais un problème à régler dans notre relation père-fille. Chaque jour, j'ai progressé. Comprendre ma « peur de l'abandon », lui faire face, m'en débarrasser… comprendre ma peur des non-dits, tous ces maux qui ont engendré ce mal de vivre, cette culpabilité, cette honte, cette dévalorisation de ma personne. Aujourd'hui, l'aboutissement, l'accomplissement de cette démarche, de ce travail de longue haleine, est le pardon… aussi, je te pardonne, et je me pardonne… et alors, je me réconcilie avec l'image du père, je peux enfin aimer cette image du père… Même si tu n'as pas été le père dont j'aurais eu besoin – d'autres ont joué le jeu – tu es celui, avec maman à qui je dois de vivre cette vie, que je vais désormais pouvoir trouver merveilleuse sans « tricher », cette vie que je peux désormais vivre pleinement… je suis enfin libre… libre d'aimer pleinement, sans entrave, sans boulet et libre d'être aimée !… J'ai enfin compris que je suis quelqu'un qui a une certaine valeur, qu'on peut apprécier… voire aimer… même si tu ne m'as pas regardée, même si tu n'as pas su me le montrer, tu m'as certainement aimée, aujourd'hui, je peux et je veux le croire… et ça me fait beaucoup de bien. Aujourd'hui, enfin, je peux jeter mes vieux pansements, ma plaie se cicatrise… et je vais de mieux en mieux chaque jour. »

11 octobre 2001

Pas encore très sûre de moi et besoin d'être confortée… j'ai mis les « choses » à plat avec ce charmant homme que j'ai récemment rencontré. Je l'ai questionné cash !!

— « Quel deal fais-tu me concernant ? Tu essayes une « vieille » ? tu « tires un coup » ou tu « m'essayes » ? »

— « Euh… je ne sais pas… un peu des trois… avec toi, je ne me prends pas la tête. »

— « Est-ce que je te plais ? »

— « Oui, sinon je ne serais pas là !!»

— « Logique, à moins d'être maso !!»

— « Est-ce que tu aimes faire l'amour avec moi ? (Moi. Zen bien !!! ☺) »

— « Oui, sinon je ne le ferais pas ! »

— « Logique… à moins encore une fois d'être maso !!»

Il me prend pour quelqu'un d'un peu bizarre, ou excentrique, ou pas ordinaire… Il m'avait déjà dit plus tôt dans la soirée qu'avec moi, il ne se prenait pas la tête… cool, je n'ai pas envie, moi non plus de me prendre la tête désormais… je suis libre… tout va être tellement encore plus simple !!!

— « j'aime faire l'amour souvent et toi ? »

— « Toujours… »

— « Alors penses à moi !!»

— « Je n'oublierai pas… »

— « Et moi, je peux t'appeler ? »

— « Bien sûr !!» – *sourire.*

— « Au revoir, bonne journée !!»

— « Bonne journée !!»

Forcément que la journée fut bonne !!! Remarque pertinente de cet homme charmant :

— « Quand tu dis que tu « profites » quand tu te blottis dans mes bras et/ou que tu m'embrasses… on ne « profite » pas quand ça fait plaisir et que le plaisir est partagé… »

OK, leçon retenue… mais c'était gentil de le dire, ça me fait plaisir… et sans doute que cela me conforte encore un peu plus… Je ne sais pas ce que mon avenir me réserve… mais demain sera fort, beau et je suis heureuse… lui, un autre ? Qu'importe quelque part, tant que je suis libre et heureuse ? Je sais désormais que je ne serai plus jamais seule au fond de mon cœur, que je n'oublierai plus jamais de voir, d'entendre, de constater que j'ai ma place, cette place qui m'était acquise depuis que je suis née mais que je n'ai pas su prendre, faute de le vouloir… aujourd'hui, je le veux… avec mon corps, mon cœur, mon âme… Je me voue corps et âme à la vie, à ma vie, à mon bonheur… sans plus me poser de question, puisque toutes les réponses sont en moi, à ma portée… Tiens d'ailleurs, avant, je disais souvent que rien n'est éternel ! Aujourd'hui, j'annule et je rectifie… le bonheur est éternel !! Je disais souvent aussi que toute bonne chose a une fin… pareil, j'annule et je rectifie, les bonnes choses n'ont pas de fin, elles sont éternelles, comme le bonheur, c'est seulement nous, à un moment ou à un autre, qui décidons d'y mettre un terme. Le bonheur, la situation ou la bonne chose en question n'a pas de fin dans la mesure où on peut les renouveler comme on veut, autant de fois qu'on veut… à consommer sans modération !!!! Et puis, j'ai enfin compris que mon remède pour ne plus me détruire et être heureuse tout le temps, que ces réponses que je cherchais à travers les autres, tout ça, je le porte en moi… au fond de moi, il y a la réponse à toutes mes questions, tous mes doutes, il ne tient qu'à moi de bien vouloir en prendre connaissance !! J'ai toutes les clés du bonheur en ma possession, à moi de les utiliser, sans restriction aucune. C'est alors que ma vie devient magique et merveilleuse, pleine de bonheur !!

— Comme quoi, quand on dit « aide-toi, le ciel t'aidera » c'est bien vrai !!!

— Absolument !!!

<u>12 octobre 2001</u>

Aujourd'hui, j'ai déjeuné avec un vieil ami, Michel, enfin, pas vieux, mais que je connais depuis une bonne grosse dizaine d'années, et qui m'a d'ailleurs avoué, pas plus tard que la semaine dernière, avoir toujours été amoureux de moi !! Fort quand même !! Bref, il me demande comment je vais, et quand je lui réponds que je me sens bien dans ma tête, que je me suis libérée de mon passé, n'ayant plus de boulet, plus d'entrave, que je me sens sereine, zen en un mot, alors il me fait remarquer que ça se voit, que je le porte sur moi. C'est marrant car notre secrétaire m'a fait la même remarque il n'y a pas si longtemps !! Comme quoi !! Sinon, j'ai eu mon amie fana de plantes (et de chevaux d'ailleurs et de tous les animaux même !!!) Mum's, au téléphone, elle aussi me trouve bien…

— Amoureuse me demande-t-elle ?

— Je ne sais pas, non… je ne me pose même pas la question !!! Je suis bien et je ne me prends pas la tête !! Et que ça continue comme ça !!

— Oui mais, dis-moi, si cela ne t'ennuie pas… tu préfères ton homme de la boîte de la nuit ou ton p'tit beau gosse de serveur du bowling ?

— Quelle question !! Je ne me l'étais même pas posée… mais à y bien réfléchir, ils me plaisent tous les deux, alors qu'ils sont deux personnages complètement opposés… ne serait-ce que physiquement… y en a un blond y en a un brun, y en a un jeune y en a un moins jeune… J'ai aimé mon p'tit serveur pour ce que nous avons pu partager… c'est terminé… j'en garde une grande tendresse mais ça s'arrête là… je ne regrette absolument rien, je suis heureuse d'avoir vécu cette relation, je ne suis plus du tout frustrée de notre rupture et c'est même avec un plaisir certain que je le reverrai… quant à mon homme de la boîte de la nuit… je l'aime pour le plaisir qu'il m'apporte aujourd'hui, la douceur et la chaleur qu'il sait me montrer et me donner… mais étrangement, aujourd'hui, je ne vois pas, d'une certaine façon, « plus loin que le bout de mon nez » !!! Je n'ai pas envie de me poser des questions, de me prendre la tête, je dirais même plus, je n'ai pas la tête à ça !!! Et j'ai envie de chanter comme Edith Piaf : « mais toi… t'es le premier, mais toi… t'es le dernier… avant toi y avait rien… avec toi je suis bien… ». Je sais, pour le lui avoir demandé ce qui m'importait ou ce qui me tenait à cœur, maintenant… à suivre… si nous devons encore partager de bons moments de plaisirs ou ne plus jamais nous revoir… qu'à cela ne tienne… sans doute serais-je frustrée s'il me mettait au régime tout de suite maintenant, car j'ai encore envie de douceur et de câlins et que j'aime apprendre à connaître les gens, mais je me dirais alors que c'est sans doute que ma vie me réserve encore mieux… je ne change plus jamais pour pire… ma vie va dans le sens de la progression, de l'amélioration, je le sens bien, puisque moi je vais dans ce sens, il ne peut en être autrement de ma vie !!! Quelle évidence !!!

— Décidément, tu te sens de mieux en mieux, et c'est sans doute vrai que tu es de plus en plus zen… et on zen bien ça, mais tu deviens de plus en plus atypique !!! on va te prendre bientôt pour une « aliène » !!!! ou une aliénée !!!! Bref, l'essentiel est ce qu'on est réellement et comment on se sent en accord avec soi, et c'est ça que les autres perçoivent avant tout… après tout, l'important est que tu te sentes bien !!!

— Et mieux je me sens, plus je fais des rencontres intéressantes… j'attire les gens, la chance et le bonheur, et les plaisirs de la vie comme un aimant !!! Magique la vie !!!

13 octobre 2001

Je viens de réaliser, comme un flash, que, quelque part, mon homme de la boîte de la nuit me prend peut-être pour une pomme ? Mais oui, par rapport à sa réponse à ma question « quel est ton deal avec moi ? »… Je n'ai pas forcément envie d'être la « vieille » qu'il essaye, le « coup qu'il tire » !!! Mince alors !!! Je mérite mieux que ça !!! J'ai envie de rencontrer un homme qui s'occupe un peu de moi, m'emmène danser, m'amuser et j'en passe !!! Je ne suis pas là que pour faire l'amour !!! Aussi, OK, ça c'est certain… mais pas que… mince alors !!! Et puis, je ne suis pas convaincue que je lui plaise plus que ça… je crois que cette fois… c'est moi qui risque de me désintéresser… s'il ne me porte pas plus d'intérêt que ça… après tout, pourquoi devrais-je porter plus d'intérêt que ça à quelqu'un qui ne m'en porte guère ?? Qu'il aille voir ailleurs !!! Il n'aura, je suppose, aucun problème, pas plus que moi !!! Mais je ne veux pas être le dindon de la farce !!! Voilà… ça m'est venu comme un flash, affaire à suivre !!!

- voilà que tu t'affirmes dis-moi !!!

C'est dingue quand même, je me détache et hop là, un coup de fil de cet homme de la boite de la nuit qui me quémande pour demain… il est très fatigué car il a peu dormi, hier il est sorti en boite, ce soir il a un anniversaire, il est en retard, n'a pas encore pris sa douche… – et prend quand même le temps de me téléphoner… hum… ça flatte rudement mon ego !!! mais ça lui ferait plaisir de me voir demain… Comme c'est gentil !!!! Et je ne me moque pas !!! Bref à suivre… ça me fera plaisir aussi de le voir demain… En attendant, je vais danser en boîte de la nuit avec mon p'tit frérot !!!! J'ai très envie de danser !!! D'ailleurs « mon » homme de la boîte de la nuit m'a fait remarquer, à juste titre, que j'ai le feu !!! Oui, mais le feu sacré !!! Hé hé !!! Ça c'est sûr !!

14 octobre 2001

Finalement, en boîte de la nuit, je n'ai guère dansé. C'est une grande usine qui fait karaoké, il y a deux pistes de danse, un restaurant et un bowling. Le concept me paraît intéressant. Seulement, sa situation géographique ne me semble peut-être pas adéquate. Cette « plate-forme » draine une faune hétéroclite et disparate que je n'ai guère appréciée. Un premier pas sur la piste de danse et je me suis fait « alpaguer » par un individu inconvenant qui a menacé de me suivre toute la soirée comme un toutou parce qu'il me trouvait belle !!! J'ai donc passé une bonne partie de la soirée assise à écouter chanter des pseudo-imitateurs qui m'ont maintes fois fait grincer des dents et surtout fait apprécier mes boules quies !!!! Bref, j'ai quand même passé une agréable soirée avec les potes de mon p'tit frérot qui sont bien sympathiques. Nous avons au moins bien ri !! Je suis rentrée assez tard et à cinq heures du matin j'étais dans mon lit. Je m'attendais à une agréable matinée en compagnie de « mon » homme de la boite de la nuit, mais voilà… À neuf heures il me téléphone pour me prévenir qu'il passait chercher les croissants et qu'il arrivait… je tablais bien sur une heure de rab pour prendre ma douche etc…

dix heures et demie… personne… p'tit message pour lui rappeler qu'il m'a mise en appétit, mais que je ne vois rien venir… ni les croissants, ni le bonhomme… une heure plus tard toujours rien… et hop, encore un p'tit message (je tombe sur sa messagerie) pour lui dire que cette fois, je commence à m'inquiéter un tantinet !!! Midi moins le quart, alors que je suis absorbée par la lecture d'un bouquin génial, mon portable sonne !!! Enfin !!!! Il arrive ??!! Eh ben non… il est malade… dit-il. Dommaaaaaage… Il me promet de se rattraper en début de semaine… bon… OK… « soigne-toi bien bisous bye »… J'ai peu dormi, mais comme je n'ai pas bu d'alcool à outrance…- je m'améliore, n'est-ce pas ??!!! (et c'est quand même ma troisième sortie en boite où je ne déchaîne pas ce démon !!!! Et c'est, je l'avoue, très agréable !!!) – je me lève… debout !!! J'ai plein de choses à faire… et quel intérêt de rester seule au fond de mon lit ? D'autant que ce soir, je vais au restaurant avec mes deux amies, les parents de l'une d'elle (les parisiens !!!), C'est l'anniversaire de sa maman et nous voulions lui faire une surprise, je dis bien voulions, car le pot aux roses a été découvert !!!!- ce n'est pas grave… c'est sympa quand même !!!- et mes parents. Nous allons nous « gaver », parce que nous en raffolons tous, de moules frites !!! Chouette !!! Vive la vie et tous ses plaisirs !!!! À plus…

16 octobre 2001

— Alors les news ?????

Il y a des jours où tout ne va pas forcément comme je voudrais que ça aille. J'ai reçu aujourd'hui une nouvelle qui m'a abasourdie… c'est comme si le ciel m'était tombé sur la tête… mais je ne suis pas gauloise… j'avais oublié mon casque… et ça m'a fait mal… ça me fait encore mal ce soir… mais ça ira quand même… de mieux en mieux chaque jour parce que je le veux… Ces fameuses cellules précancéreuses dont j'ai été opérée en 1996 sont revenues. Il va me falloir repasser des examens et intervenir… comme je n'ai pas cinquante ans et des enfants, le chirurgien va conserver mon col…

si j'avais cinquante ans et des enfants, il me l'enlèverait !!! Ça me fait flipper !!! À ce moment même je suis triste et je ne comprends pas pourquoi ? Pourquoi moi ? C'est toujours la question qu'on se pose… Et il y a certainement une raison et une cause… un élément déclencheur et quelque chose que je dois comprendre… Je sais bien qu'à priori, je ne vais pas en mourir, mais j'ai peur quand même, ça me ferait flic qu'on m'enlève la possibilité d'avoir un jour des enfants que j'aurais conçus. Je sais bien que ce ne serait pas la fin du monde… juste la fin d'une partie de mon monde !! Je sais que je suis bien entourée et que ça va m'aider à me battre… mais c'est quand même moi qui dois me battre… seule avec mon corps… je vais devoir adopter une certaine hygiène de vie… relativement saine. À cet instant même, je me sens quand même bien seule avec moi contre le mal !!…

J'aurais envie de me saouler… pas pour oublier ou fuir ma souffrance… mais plutôt pour toucher le fond avec elle… la palper, la toucher… la faire fuir, elle… avec son mal… ça ne changerait rien, je sais, sinon, qu'en buvant, je me libère peut-être de certaines barrières et qu'alors, seule, je peux pleurer tout mon saoul !!! Et puis ce gars que j'ai rencontré récemment et qui devait soi-disant me téléphoner en début de semaine et qui ne le fait pas… s'il n'a plus envie de me revoir, il ferait mieux d'être cash, et de me le dire… qu'est-ce qu'ils sont bêtes ces mecs parfois !!! Il a peut-être peur de me blesser ?? Ça part d'une bonne intention mais le résultat est le même !!! Alors à quoi bon me laisser mijoter ? C'est stupide !! D'autant que je n'ai pas de temps à perdre, je veux continuer de croquer la vie à pleines dents !!! J'ai encore à vivre… envers et contre tout et tous… et même envers et contre moi !!! Je veux encore aimer et pouvoir être aimée, aujourd'hui, je saurai être aimée… ALORS ?? Je n'aime pas les gens qui ne tiennent pas parole… ça me dérange… Je voudrais finir ces écrits sur une belle histoire d'amour… pas comme un achèvement ou un aboutissement, car c'est au contraire là que tout recommencera, ou continuera, mais pour clore (de éclore ?) ces écrits sur une super belle note ! Ça viendra ! J'ai laissé un texto à l'amant d'aujourd'hui, lui signifiant que s'il ne veut plus me revoir, c'est simple de le dire… J'ai reçu un coup de fil vers 23 heures… c'était lui… « dis donc, t'es énervée là !!! » « bah non mais tu dis des choses et tu le fais pas !!! » « je sais, manque de temps, je sais il est tard, mais si tu veux, je passe maintenant » « c'est vrai, tu voudrais ? » « oui » « bon bah OK, arrive » « à tout 'suite » Et il est venu… c'était sympa, sa présence m'a réconfortée, je lui ai confié mes petits malheurs et j'ai pleuré dans ses bras… plus cool que d'être toute seule quand même !! Voilà…

Il n'a pas manqué de me réconforter et de me rappeler que si je cessais de me battre, ce ne serait plus moi !!! Sage conseil, que je vais suivre !!!

18 octobre 2001

Je me ressaisis et je fais attention à moi… j'ai réduit la cigarette, je me donne un mois pour arrêter… et j'essaye désormais de mener une vie saine et équilibrée. Sinon, concernant mon amant d'aujourd'hui, je ne suis convaincue de rien… il est sympa et je passe des bons moments intimes avec lui, mais ça s'arrête là. Nous ne partageons rien de plus. Je crois qu'il est en colère de la situation qu'il vit aujourd'hui, que peut-être il passe également de bons moments d'intimité avec moi et c'est tout… Je me laisse vivre le concernant, je suis heureuse quand nous nous voyons, peut-être aimerais-je le voir plus souvent ?, je ne sais pas, je ne sais plus… je ne le « ressens » pas, vis-à-vis de moi… il me donne mais ne me prend rien… alors que j'ai tant à donner moi aussi… peut-être à prendre aussi ?!! Je ne sais pas si ça durera, je ne crois pas, c'est étrange, cette sensation que j'ai… ça doit être parce que nous ne partageons que quelques rares moments d'intimité ?!! Comme je l'ai déjà dit, je ne pense pas lui plaire plus que ça, c'est-à-dire autrement que pour faire l'amour… C'est pas grave si nous partageons au moins de bons moments à ce niveau-là !!! À suivre… la suite au prochain épisode…

20 octobre 2001

Je n'ai pas de nouvelle à ce jour de mon amant du moment. Par contre, étrangement, il arrive à point nommé, Yvon, celui, qui, paradoxalement n'était jamais là quand il fallait, tu sais mon fameux compagnon d'Emmaüs !! Bref, concernant « mon » homme de la boîte de la nuit, j'ai décidé de ne pas m'investir plus que ça... c'est-à-dire, de ne plus attendre qu'il veuille bien me téléphoner ou venir me voir, ne pas attendre après lui, rien, ne rien attendre... même inconsciemment, j'ai décidé de me détacher complètement de la situation que je vis actuellement avec cet amant... il n'est ni assez bien disposé envers moi, ni assez disponible à mon goût... peut-être suis-je trop gourmande ? Je ne crois pas, je pense que je mérite l'attention, l'affection et même l'amour d'un homme !!! Zut après tout !!!

22 octobre 2001

Toujours pas de nouvelle de mon dernier amant – avant le prochain !!! ☺- Je suppose qu'il ne veut plus me voir... ou qu'il a rencontré quelqu'un qui lui plaît plus que moi !! Bref... je me demande, quand je lui ai proposé de réserver son week-end du 27-28 octobre pour fêter mon anniversaire, pourquoi il m'a demandé si c'était pour passer un week-end en amoureux ? Ah que les hommes sont étranges parfois !!! Ou tout simplement trop simples !!! En fait, il a fini de « tirer un coup » avec moi, il va voir ailleurs si l'herbe est plus grasse !!! ? Ou moins grasse justement ???

25 octobre 2001

J'ai envoyé des sms à cet amant qui devient un ex-amant... puisque je n'ai aucune réponse à ce jour !!! Quand même, pas très courageux !!! Et pas du tout respectueux de l'Autre !!! S'il en est ainsi, il ne me méritait pas... Il n'y a pas de place pour moi dans sa vie... et plus de place pour lui dans ma vie !!! Encore un qui s'est sauvé sans bruit, sans esclandre, en lâche !!! Mais c'est étrange, finalement, ce non-dit ne me blesse pas plus que ça… Je crois que j'ai compris qu'on peut blesser l'Autre par ignorance… je crois qu'il est ignorant de la peine qu'il peut causer par ses non-dits… Il aurait pu prendre le temps de me dire qu'il ne voulait plus me voir… avait-il peur de ma réaction ? Je ne suis pas idiote pourtant !!!! Et je peux comprendre qu'on ne veuille plus d'une relation !!! C'est humain !!! Ce qui est inhumain, c'est de laisser l'autre mijoter, de laisser l'autre dans l'ignorance… Et puis je ne souhaiterais jamais poursuivre une relation s'il n'y a plus un minimum de partage… alors ! Par contre, mon fameux compagnon, celui qui n'était jamais là quand il fallait, ne m'a jamais autant téléphoné et autant laissé de sms et envoyé de bisous qu'en ce moment !!! Que lui arrive-t-il ? Ça le démange ??? Bon allez, je fais le deuil de mon dernier amant… et je continue de croquer la vie à pleines dents !!! Je pleure un coup, de déception, et je recommence !!! Ainsi va la vie, aujourd'hui… demain sera donc encore meilleur, et je ne parle pas de mon prochain amant !!!! Il me faut continuer d'aller de l'avant !!! Avec plaisir !!!

26 octobre 2001

J'écris à cet ex-amant une lettre qu'il ne recevra jamais :

— « Sache que ça me blesse que tu n'aies même pas pris le temps ou la peine de me dire que tu ne veux plus me voir. Certains pêchent parfois par ignorance. Je ne crois pas que ce soit ton cas. Tu sais que je déteste les non-dits et que j'aurais apprécié ta franchise. Est-ce donc de l'indifférence ou le mépris qui te poussent à agir avec autant de « je m'en foutisme » et si peu de respect ? Si tel est le cas, j'espère au moins que cet état de fait ne s'adresse qu'à moi et pas à la gent féminine dans sa globalité… c'est en tout cas ce que je te souhaite !!! Bien à toi… et sans rancune pour cette « rupture » et avec beaucoup de mépris pour ton silence… mais on a certainement tous… que ce qu'on mérite ? Alors… à une expérience de plus ! !!! Tchin tchin !!! Bonne continuation… Zoé »

Ça me trottait dans la tête… c'est ma petite revanche… bien gentillette. Mais au moins je ne reste pas dans les non-dits !!! Pourquoi laisser douter l'autre ? C'est moche. C'est de la méchanceté gratuite. C'est bête et méchant… je ne savais pas qu'il était comme ça et je suis déçue… mais mieux vaut aujourd'hui que demain !!

28 octobre 2001

— Hier soir c'était mon anniversaire…

— Ah !!!! Quel âge ?

— 35 !!!!! Nous avons fait une de ces bringues !! Avec ma famille et mes amis !!! Nous nous sommes retrouvés une bonne trentaine, dans l'appartement du cadet de mes frères. Comme il habite au rez-de-chaussée de mon immeuble, c'était plus pratique que de monter quatre étages à pieds et plus grand et surtout sans chat pour les allergiques, comme mon frère !! Ils m'ont tous témoignée beaucoup d'amour et ça me fait chaud au cœur… j'ai aussi été gâtée pourrie de cadeaux !!! Nous nous sommes tous bien amusés et c'était plus que sympa… J'ai fait un apéro-dînatoire, avec plein de cocktails et plein de choses à manger, puis nous sommes allés danser en *boîte de la nuit* (notre expression pour dire boîte de nuit) et sommes revenus au petit matin déguster cette fameuse gratinée que mon oncle Gégé nous avait préparée avec patience et amour !!! Nous nous sommes régalés et vraiment ça nous a requinqués !! Oh, il a bien fallu que je fasse des miennes en me faisant tomber un plateau en verre sur le pied gauche, ce qui m'a valu un petit tour aux urgences pour poser des strips !!! Enfin, malgré ça, excellente nuit quoi !!! Mes amies de Roanne sont rentrées chez elles sans avoir dormi du coup et ma cousine est allée bosser directement. Dur dur, je suppose !!!

29 octobre 2001

Encore une histoire qui s'est éclaircie, et terminée « officiellement » parce que, voulant en avoir le cœur net je me suis rendue chez « mon » homme de la boîte de la nuit… Celui-ci que je trouvais plus humain et plus chaleureux que les autres n'est pas plus courageux !!! Il dit qu'il me téléphonera pour qu'on se fasse une bouffe… si, si, il y tient !!! Je n'y crois guère, il veut bien que nous restions amis… Je sais qu'entre nous c'est terminé, qu'il fait un break avec lui-même, mais je ne sais pas pourquoi il me vire… j'aurais été pourtant curieuse de savoir… a-t-il eu peur à cause de ma maladie ? Si réellement il fait ce qu'il a dit, ce serait peut-être l'occasion de le lui demander, peut-être, si j'y pense !! Je regrette seulement qu'il ne me l'ait pas dit plus tôt afin que je commence mon travail de deuil plus tôt… Tant pis, il n'est jamais trop tard pour bien faire !!! Mais moi je pleure quand même… je voudrais encore croire…

NOVEMBRE 2001 :
Tranquille…

2 novembre 2001

Je vais mieux… J'ai rencontré un médecin, le Docteur Peuplier, qui pratique la médecine chinoise qui me fait beaucoup de bien… Mon chirurgien me soutient que « tous ces trucs c'est de la foutaise » mais moi j'y crois !!!

Ça doit être la pleine lune qui me travaille car j'ai très envie de sortir, de voir du monde, de faire la fête… de séduire… J'ai envie de rencontrer un nouvel amant… il me faut oublier le dernier en date dans les bras d'un autre !!! oui, mais, quel autre ?

5 novembre 2001

Je suis sortie samedi soir avec une bonne copine Ana, une ancienne collègue de travail. Nous sommes allés en boîte de la nuit avec des amis à elle… des Yougoslaves. Nous nous sommes bien amusés. À un moment j'ai pensé très fort à mon ancien amant et il m'a manqué… mais il faut que je fasse mon deuil. Un ami de ma copine ne comprend pas que je sois seule… il me trouve sympa et jolie… oui mais voilà, il semble que ça ne fasse pas tout !!! Je suis sortie avec un ami de ma pote… Il est bien mignon, il a 26 ans. Je ne le connais pas et je ne me fais donc aucune illusion à son sujet. Le dimanche matin, sur son canapé chez lui, (en étant restés très sages !!) Il me regardait dans les yeux et m'a dit que je ne faisais vraiment pas mon âge et que j'étais belle… vapeurs d'alcool ??? Toujours est-il que ça fait plaisir quand même !!! Je lui ai envoyé un texto pour prendre de ses nouvelles… il me rappelle vers 21 heures… je vais le voir chez lui. De papotages en papotages, nous nous sommes couchés très tard… dure journée que celle du lendemain sans doute !!! Pas pour moi par contre !!! Je suis heureuse… car le but de la vie est bien le bonheur… n'est-ce pas ? En tout cas c'est ce que prône « Sa Sainteté le Dalaï-Lama » dans cet ouvrage que m'avait recommandé Francky mon ami d'enfance et que j'ai lu avec grand plaisir, « L'art du bonheur » (et que mon amie Mumu m'a justement, quel hasard !!!, offert pour mon anniversaire, avec deux autres de la même collection !!). Livres que je recommande également à tous !!!

<u>6 novembre 2001</u>

Il a 26 ans, il porte un prénom original, il est yougoslave, orthodoxe et croit en Saint Luc. Il mesure environ 1.80 mètres, il est bien fait, ses cheveux et ses yeux sont noirs. Il ne fume pas et mâche constamment du chewing-gum qu'il colle à la tête de son lit quand il se couche ! Il est sportif et danse bien. Il s'est fait tatouer un dragon dans le dos… Il dit que c'est le symbole de la sagesse et de la puissance. Il aime faire brûler de l'encens et des bougies. Son chez-lui est petit mais propre et net. Il est doux et tendre comme le bon pain. Moi qui avais quelques appréhensions suite aux récents événements de santé dont je souffre, je dois avouer qu'il m'a réconciliée avec mon corps !!! Je ne me rappelle pas avoir récemment fait l'amour aussi « gentiment », aussi « chaudement ». Ses mains sont froides mais son corps est chaud, chaleureux et accueillant. J'aime m'y blottir lorsque nous faisons l'amour. Chose que je ne faisais jamais avant… comme quoi… on évolue !!! Je me blotti toute entière dans son corps tout entier. C'est doux et chaud… et bon… il me réchauffe le corps et l'âme. Je ne me pose aucune question le concernant et me concernant. Je constate seulement ses bienfaits. Je donne, il donne. Point.

Lorsqu'il est arrivé alors que nous prenions l'apéro, la première fois que je l'ai vu, je m'en souviens très bien. Comme je n'arrivais pas à retenir son prénom, il m'a dit : « tu te souviens de Zorro ? »

– « oui » – « alors voilà !! C'est presque pareil !!! » Ça m'a fait rire… Bref, je ne regrette pas… d'ailleurs je ne regrette jamais rien… ni le bon, ni le mauvais !!

8 novembre 2001

Il est indépendant, volontaire, dynamique, fonceur… Il a « la foi »… mais… il est « filou » !!! Voilà tout ce que je sais de lui à ce jour. Aurais-je l'occasion ou l'opportunité d'en connaître davantage ? Demain, la vie me dira. Il a aussi un beau sourire !!!

Il m'a téléphoné hier soir afin que nous nous voyions ce soir, qu'il croyait être vendredi… tant pis. Moi j'ai envie de le voir… de me blottir dans ses bras contre son corps si chaud… qu'il réchauffe et apaise mon corps et mon âme…

DÉCEMBRE 2001 :
Vraiment rien à écrire…

Je n'aime pas la fin d'année, synonyme de fêtes, de cadeaux et tout et tout…

JANVIER 2002
Regonflée d'énergie !!!

1er janvier 2002

Bonne année !! Meilleurs vœux !!! Santé, bonheur, prospérité !!!

10 janvier 2002

Voilà un bon moment que je ne me suis pas penchée sur ma pomme !!!

Alors voilà, j'ai arrêté de fumer, puis j'ai repris… ma pote Zinz m'a offert un psyché… un truc que je voulais depuis longtemps !!! Le problème est que lorsque je me suis vue en pieds… eh bien… j'ai pris peur !!!! Je suis fort loin de mon poids idéal de 53 kg… Aïe !!! Dur de remettre les pieds… sur terre, sans m'enfoncer !!! J'avoue très honnêtement que je me suis fait peur… alors régime !!! Je ne fume plus autant qu'avant, mais je fume à nouveau… pas bien !!!! Mais je redescends à au moins 53 kg, après on verra !!! Mais je me demande comment des gens peuvent me trouver jolie ????!!! Ceux qui ont pensé cela avait dû mal me regarder ou avec de la peau de saucisson devant les yeux !!! Bref… voilà… quant à « mon » yougoslave, j'avoue que… bof… j'avoue que nous avons passé des bons moments ensemble, disons qu'il a su m'apporter ce dont j'avais besoin à un certain moment, mais que je m'ennuie. Intellectuellement ça ne peut pas coller… Nous n'avons pas les mêmes centres d'intérêt. Je ne suis pas Einstein, m'enfin quand même !!! Là, je me sous-estime !!!! Intellectuellement parlant, je m'entends !!! Et puis, il a trop de ces défauts qui sont pour moi rédhibitoires… Et puis encore, il n'aime pas les animaux plus que ça !!!! Là c'est le test express !!!! Et puis, il me prend trop de temps !! Quelque part, il me vole trop de mon intimité… j'ai besoin de me retrouver seule, de faire ce que j'ai à faire, de voir mes amis… y tout y tout !!! Bref, bof, ça ne me convient guère !!! Je pense qu'il a fait partie de ma vie à un instant T où j'en avais certainement besoin et lui aussi… Il m'a fait du bien, je lui en ai fait… et voilà, il est temps de passer à autre chose… et c'est tout…

— Alors tu le laisses tomber comme une vieille chaussette ?

— Non, du tout !! Il me prend parfois comme une pomme je crois !!! Par ignorance sans doute ou par manque d'éducation plutôt… mais ça ne me plaît pas non plus !!! Ça fait partie de ces fameux défauts rédhibitoires !!!

J'avoue aussi que je pense encore relativement souvent à mon homme de la boîte de la nuit… pourquoi ? Va savoir ? Je l'aimais bien quand même !!! Tu me diras, mon petit serveur du bowling aussi… mais bon, ce ne sont pas des mecs pour moi… mais mon heure viendra… mon homme viendra !!!

Pour l'instant je me suis remise au boulot très sérieusement car il y avait du laisser-aller !!! Ça n'allait plus ! !! J'ai envie de gagner du pognon !!! Pour faire ce que je veux, quand je veux !!! Na ! Et toute seule s'il le faut !!!! Na !! Bien sûr, je rêve toujours du grand amour, mais pour l'instant, je suis dans ma période « matérialiste » où je pense très fort à mon boulot !!! Et c'est bien !!! Voilà donc où j'en suis aujourd'hui… pas bien avancée me direz-vous ? Si si… la vie suit son cours…

12 janvier 2002

Je travaille comme une folle en ce moment !!! Disons que je fais un mi-temps 12/24 heures !!! Mais ce soir, je n'ai pas le cœur léger. Je me sens triste et j'ai envie de pleurer. Oh, rien de grave !!! Je dois être trop sensible ou susceptible sans doute !! Je ne vais pas m'encombrer l'esprit de bêtises qui n'en valent pas la peine !! Je vais vite chasser tout ça !! Mais quand même il est vrai que souvent « trop bon » rime avec « trop con » !! Mais je ne vais tout de même pas me reprocher d'être trop généreuse ?? Ce serait un comble !! Mais plus j'y pense, plus je me demande dans quel monde je vis !!! Je me demande comment les autres me perçoivent parfois ? Bref, ce n'est pas grave !!

Sinon, je suis très contente car, cette semaine j'ai rêvé de Pépé. « Ils » l'avaient laissé revenir pour nous souhaiter la bonne année !!! J'étais tellement heureuse dans ce rêve qui me semblait vraiment réel que je pleurais et sautais de joie, je le serrais dans mes bras et j'interpellais tout le monde pour leur crier qu'il était là !!! Il me manque cruellement. Le temps passe et ne l'effacera jamais de ma mémoire. Il était magnifique ce rêve !!! Pépé, je t'aime !!! À bientôt !! J'espère que tu reviendras bien vite me rendre visite dans mes rêves !!! Ça me donne plein de forces !!! Voilà, pour le décrire et comprendre combien il nous manque à tous, ce que nous avons écrit avec maman :

Adrien, mon père, mon grand-père…

Grand, fort, calme, discret, tu nous accueillais toujours avec ton sourire au coin des lèvres.

Képi, casquette ou autre couvre-chef, il te fallait toujours quelque chose sur la tête.

Ainsi, de toi, émanait cette force tranquille.

Bon, convivial, tu l'étais.

Pour rendre service, tu étais toujours le premier.

Pour plaisanter, tu n'étais jamais le dernier.

Casser la croûte
Boire un canon,
Jeter les boules,
Taper le carton,
Ou discuter, tout simplement,

Tu savais faire de ces petits plaisirs des grands moments de bonheur qui resteront dans nos cœurs.

Fin jardinier, tu l'étais.

Ton art de cultiver les fleurs avec ardeur et tant d'amour pour ta douce,
A fait plus d'un admirateur.
Courageux, tu l'étais.
Après avoir dû accepter chaque étape de ta maladie,
Jusqu'au bout tu t'es battu.
Droit et sérieux, tu l'étais.
Avec loyauté, tout au long de ta carrière tu as servi ta patrie,
Pour elle tu t'es battu.
Tu as mis un point d'honneur à défendre les valeurs citoyennes
Que tu nous as inculquées.
Faisons-en sorte aujourd'hui que tu sois aussi fier de nous que nous le sommes de toi.
Nous te rendons hommage…

Voilà, il est aisé de comprendre que mon grand-père était un grand homme… et c'est pour ça que j'aime bien qu'il vienne me visiter quand je suis dans les bras de Morphée… il me prodigue sa force !!!

19 janvier 2002

Je me sens à nouveau pleine d'énergie pour reprendre mon boulot à fond !!! Je me sens regonflée !! À chaque fois que je passe un peu de temps avec mon pote, Paul, un collègue de boulot, que je nomme mon « coach », ça me fait cet effet !!! Est-ce que je le « vampirise » ??? En tout cas, ça me fait du bien !! Ce n'est pas pour autant que je sais bien encore où je vais, mais au moins mes idées s'organisent. De toute façon, je travaille pour moi !!! Ce que peuvent dire les autres m'importe peu !!! Désormais, ça me glisse dessus !! Et au pire si quelqu'un se montre désagréable ou méchant, plutôt que de me vexer et ruminer dans mon coin, je le dirais à la personne concernée !!! Telle est ma décision de ce jour !!! Toujours m'exprimer !!!

20 janvier 2002

En fait, c'est plus fort que moi, je pense à mon coach. Il y a deux ans, quand je l'ai rencontré, ce fut un sacré coup de cœur !! Nous nous sommes cherchés un peu, mais lorsque j'ai su qu'il était marié, j'ai fait machine arrière immédiatement !! C'est un peu un jeu entre nous… J'ai parfois peur de me faire piéger !!! C'est plus fort que moi, il m'attire !! C'est magique !! Et il me semble que c'est réciproque !!! Il me l'a dit d'ailleurs !! mais voilà… pas touche minouche !!! Il paraît qu'il vaut mieux avoir des remords que des regrets !!! Peut-être que si nous « consommions » la magie cesserait ?? En tout cas, mon coach, je te remercie d'être là… je remercie la vie de t'avoir mis sur ma route !! Je garde en mémoire ce baiser volé du 12 avril 2001 !!! Et tout le bien que tu as su me faire !! voilou !!

21 janvier 2002

Je veux de l'amour !!!! Quelqu'un qui m'aime pour ce que je suis, pour qui je suis !!! Et quelqu'un que j'aime aussi !! Mon coach me dit : « mais tout le monde t'aime » !! C'est gentil mais n'empêche que moi, je suis célibataire !!!

— Et alors ?? Je croyais que ce n'était pas une « tare » ?

— Non, c'est vrai, et ça me comble que « tout le monde » m'aime !!! Attention je sais bien que je ne peux pas plaire à tout le monde, c'est juste une façon de parler !!! Mais disons que quand je rentre, je suis seule, je ne partage plus cet amour… ou je le reçois à distance !!!

— Et ça ne te suffit pas ??

— Ça te suffirait à toi ????

28 janvier 2002

Samedi soir, le responsable de la boîte de mon coach m'a emmenée manger et danser !! On s'est bien amusé !!! Il m'a même courtisée !!! Ça, je ne le pensais pas !!! Il est très sympa et je l'aime bien, mais il ne m'attire pas !!!

FÉVRIER 2002
Ça suffit de ne penser qu'à ma pomme !!!

7 février 2002

Assez de penser qu'à moi !!! Le monde est moche en ce moment !! Les riches toujours plus riches et les pauvres de plus en plus pauvres !!! La guerre partout !!! Et personne ne réagit ??? On dirait que tout le monde s'en fout !!! Le monde ne tournerait-il pas rond ??

Et tous ces politiciens !!! Pas un pour rattraper l'autre !!! Tous corrompus !!! C'est terrible quand même !!! Quel est donc ce monde où les grands violent et violentent les plus petits et les plus faibles ? où des adolescents s'entre-tuent pour un oui pour un non ? Où un adulte censé être responsable ne résiste pas devant un gros paquet de billets de banque ??? Où les minorités détiennent le pouvoir ? Regarde !!! Les terroristes !!!! Et cette poignée d'hommes qui se partage les richesses du monde quand des millions de personnes meurent de faim ???

Mais où va-t-on ? Mais qu'est-ce qu'on fait ??? Nous, les Hommes encore humains et entiers, nous sommes amorphes !!! Nous ne regardons que notre nombril quand nous devrions unir nos forces pour reconstruire notre monde !!!

8 février 2002

J'ai bien des choses à écrire… je les ai notées… « sur un cahier à spirales » !!! je les noterai plus tard.

Aujourd'hui, j'ai envie d'écrire que… la solitude… ça s'apprend… la solitude, on vit avec, mais on en meurt… oh non… ça n'est pas de moi… de Florent Pagny… mais les mots sont justes… c'est étrange comme les mots sont tellement et étrangement justes, qu'on arrive à se demander à quel point on peut exploiter la misère humaine… même pour vendre des disques… OK, des fois, c'est pour la bonne cause, quand des chanteurs donnent des concerts pour pallier les déficiences des gouvernements… pour donner à manger, à boire et un peu de chaleur à ceux qui n'ont vraiment plus rien… Tiens, ça ne vous rappelle pas quelqu'un ??? Ou même pour aider les plus nantis à exulter leur douleur… Quand je suis pleine d'énergie je voudrais faire la révolution… refaire le monde !!!! Pas fait !!! Chacun dans son petit coin… le regard fixé sur lui-même… Malgré tous les moyens de communication qui existent aujourd'hui, je suis sûre que plein de gens se sentent complètement impuissants… comme c'est dommage !!! Il est vrai que je ne suis pas au fait de la communication et de la vie publique, trop égoïstement penchée sur mon petit nombril… en même temps, il est vrai que « charité bien ordonnée commence par soi-même » !! mais bon !!! Quelle énergie gaspillée dans la douleur !!! Mise bout à bout, on pourrait refaire le monde !!! J'en suis convaincue… con peut-être !!!! Mais pas encore vaincue !!! Et s'il fallait vendre son âme au diable pour que le monde soit meilleur, finalement ? Puisque tant de guerres sont rythmées par les noms de tel ou tel Dieu, de telle ou telle religion ? Ou alors le monde est vraiment fou et chacun vénère un Dieu déguisé ? Ah, ce que les Hommes font de la religion !!!! Le diable… ah ah… déguisé !!!! Je me pose cette question parfois… car réellement, avec tout son cœur, quel Dieu inciterait ses disciples à faire la guerre ? Puisque Dieu devrait être « tout amour » ??? Quel Dieu peut être si sévère, intransigeant ? AUCUN !!!!! AUCUN !!! Ça n'est pas possible !!! Je sais pourquoi je ne crois en aucun Dieu, en aucune religion… Y a pas photo !!!! À ce sujet, Jonathan SWIFT écrit d'ailleurs, à raison je pense : « Nous avons tout juste assez de religion pour nous haïr, mais pas assez pour nous aimer. » Le monde est fou… et j'ai peur… quand je ne m'enferme pas dans mon petit monde, je tremble… et je comprends pourquoi tant de gens s'enferment dans leurs petits mondes… peut-être pour ne plus avoir peur ???

Même moi, qui suis soi-disant sensible, je me suis tellement « blindée » que je suis « obligée » d'écouter de la musique, pour enfin me laisser aller et soulager mon âme, mon cœur quoi !!!

Tiens… ça me fait penser… pour revenir à moi… mon petit nombril !!!!

Deux copains, Pete et Riri, qui me connaissent plutôt bien, m'ont vexée… en me disant que, telle que je « parais »… il n'y a pas de place dans ma vie pour quelqu'un… pour un homme !!!! Ça n'est pas du tout mon sentiment !!!! J'ai comme l'impression qu'une petite voix crie malgré moi ou ce « paraître »… « je suis célibataire, et, il paraît, sympa, aimez-moi !!!!!! »

Comme quoi, des petites réflexions… peuvent mener à se pencher… encore… sur son petit nombril !!!!

12 février 2002

Les informations télévisées sont déprimantes !!! C'est terrible !!! Que des choses moches !!! Contre lesquelles il faut se battre !!! Entre autres les terroristes, les politiciens véreux, et j'en passe !!! Y a-t-il encore des humains sur cette planète ??? Il y a vraiment de quoi se le demander !!! C'est partout de la folie pure et dure !! Je comprends que finalement, des fois, les gens ne regardent que leur petit nombril !!! C'est nettement moins déprimant !! Et surtout ça évite bien de s'impliquer plus que ça !!!! (Ironie)

D'ailleurs, en parlant de nombril… j'allais oublier !!! Je n'ai plus de lésion précancéreuse !!! À suivre avec une typologie virale…

16 février 2002

— Il y a deux jours c'était la Saint Valentin !!! La fête des amoureux !!!

— Ouais… Encore du commerce et encore un moyen de faire du pognon !!! Encore une exploitation des sentiments humains !! Enfin, pour ma part, j'ai quand même été étonnée que pas un prétendant ne se jette à mes pieds avec des bouquets de fleurs par milliers !!! Zut alors !!! Non, côté cœur, rien de neuf… pas de coup de foudre !!! J'oscille entre le je m'en foutisme le plus complet et le presque dégoût car trop déçue… Mais j'avoue que, pour l'instant un mec ne me manque pas du tout… j'ai eu beaucoup trop de travail… et là, mes potes ont raison, il n'y avait pas de place pour un homme, quel qu'il soit, et le meilleur fusse-t-il… et j'ai été trop fatiguée… là j'avais besoin de me ressourcer… toute seule… dans mon chez moi avec mes chats… eh eh… la mère Michel !!!!! Sinon, j'ai perdu 3 kg 200 depuis Noël… mais je me demande pourquoi, parfois, je fais attention et souhaite mincir ?? Pour moi, pour me saper comme je veux… pour me plaire un peu plus… mais ça doit être bien tout… puisque mince ou grosse… ça ne change rien… concernant mes relations sentimentales… ça n'est pas avec quelques kilos de moins que je rencontre quelqu'un de bien pour moi !!!! OK, ce n'est pas une raison pour devenir une grosse vache !!! OK !!!!

Enfin, en parlant de bonne résolution, je me suis inscrite à un club de rencontres !!!

— Toi ?

— Oui moi !!! Sur Internet !!! Affaire à suivre !!!

<u>17 février 2002</u>

— Alors quoi de neuf ?

— C'est marrant, je pensais à ma copine Fabou qui, lorsqu'elle a rencontré l'homme avec lequel elle est depuis plus d'un an, lui a jeté cash en pleine figure que s'il la draguait juste pour une soirée, ce n'était pas la peine… alors qu'il lui plaisait !!!

— Ça c'est honnête !!!

— Ça doit surtout demander beaucoup de courage !!! Je ne m'en sentirais pas capable !!

— Pourquoi ?

— Tout simplement parce que j'aurai tellement peur de passer à côté de bons moments que je n'aurais pas cette rigueur. C'est un peu comme si je devais « voler » à la vie chaque moment de plaisir… comme si celle-ci ne m'autorisait pas à être heureuse pleinement !!

— Finalement, la seule barrière à ton bonheur, c'est peut-être toi ?

— Peut-être !!! De peur de ne pas être heureuse, je « vole » des moments de plaisir et je ne « choisis » pas – quelque part – mes partenaires. Un peu comme si je partais vaincue d'avance… avec comme une certitude au fond de moi que je n'ai pas droit au bonheur sentimental… comme si je n'avais pas réglé ces soucis !!!

— Preuve que tu n'es pas tout à fait guérie !!!

— Sans doute !!! Mais malgré tout, je sens que quelque chose a changé au fond de moi. Je me sens différente, plus sereine ? Je ne sais pas. J'ai quand même beaucoup moins cette fameuse sensation ou impression de devoir voler des moments de bonheur

— Te serais-tu résignée ?

— Je ne sais pas… j'ai un peu de mal à expliquer ce que je ressens… mais, finalement… ne serait-ce pas la certitude que, désormais, j'ai moi aussi droit au bonheur ? Un peu d'espoir ?

— Bon alors… et ce club de rencontres ?

— Ça y est… mon annonce est parue !!! J'ai beaucoup de réponses, mais il y a « à boire et à manger » !!!!

— Affaire à suivre alors !!!

— Oui… c'est ça !!!

Mercredi 27 février 2002

— Demain, Alexandre a six ans !!!

— Et c'est qui, Alexandre ???

— C'est… mon petit chéri d'amour !!! Le fils de mon frère Christian et de Brigitte… ma belle-sœur préférée !!! Il est aussi mon filleul !!! J'ai tellement réclamé haut et fort d'être sa marraine, bien avant qu'il naisse… en fait je les ai saoulés !!!! Que je suis sa marraine !!! Et lui mon petit chéri d'amour !!! D'ailleurs, parfois, je joue… je fais comme si je l'avais perdu et je demande : « Mais où est donc passé mon chéri d'amour ??? » Et il arrive vite vers moi pour me faire un câlin et me rappeler qu'il est là !!! Voilà encore une partie de ma petite famille !!!! Pour cette occasion, Mam's, Philippe et moi lui avons envoyé une carte !!! Nous allons certainement nous retrouver tous autour d'une table très bientôt !! Tradition familiale oblige !!!

Sinon, le boulot, c'est le plein boum !!! Beaucoup d'estimations pour moi !!! À suivre si les mandats rentrent derrière !! Je fais un mi-temps 12/24 heures !!! Cool ???

MARS 2002 :
Vive Internet !!!

Jeudi 14 mars 2002

J'aime bien mon pote Riri !!! Qu'est-ce qu'il est séduisant !!! Couillon, mais, beau gosse quand même !!! Et puis très sympa… quand il veut !!!

Lundi 18 mars 2002

— Des fois qu'est-ce que les gens sont pénibles !!! Ils ne savent jamais ce qu'ils veulent !!!

Tu vas dans leur sens et après ils t'engueulent !!!

— et qu'est ce qui te fait dire ça ??

— Juste un client… il voulait une estimation de son appartement… ah, il fallait faire vite, il était pressé !!! Mutation en cours… Encore un job qui aurait dû être fait pour hier !!! Donc, je me suis dépêchée, j'ai fait son estimation et lorsque nous nous sommes revus, il était d'accord sur le prix et la marge de négociation… Il attendait juste le résultat d'une autre agence… qui fut sensiblement le même que le mien. Nous avons donc convenu de nous revoir un soir à l'agence afin de signer le mandat de vente. J'avais des clients susceptibles d'être intéressés, il nous fallait augmenter la cadence. D'autant que ce vendeur était pressé ! Et voilà t'y pas que ce client annule notre rendez-vous !! Et il me fait le coup plusieurs fois de suite !!! Comme je savais qu'il était urgent de vendre bien et qu'il y avait en plus une autre agence sur le coup, j'en avais parlé à quelques clients… Lorsqu'enfin deux semaines plus tard mon fameux vendeur a bien voulu signer le mandat, je me suis fait recevoir !!!!! Accusée de malhonnêteté !!!! J'avais proposé son appartement à des clients ! Et en plus, ma bourde fut d'omettre de rectifier la date du mandat que j'avais préparé pour notre premier rendez-vous, celui où il m'avait posé un lapin !!! Franchement, ça m'a sciée !!! Ma seule défense fut de lui dire que j'avais pensé avoir agi selon ses désirs dans la mesure où il m'avait demandé de faire vite !!!! Finalement je suis allée dans son sens et il me l'a reproché !!! Mais qu'est-ce que c'est que ces gens qui changent d'avis en moins de deux jours ??? Bref, je n'ai jamais eu le mandat signé entre les mains et c'est l'autre agence qui a vendu l'appartement !!!! Comme quoi, être trop sympa, ça ne paye pas toujours !!!! Tant pis !!!

Mardi 26 mars 2002

— Bon allez… passons à des sujets plus amusants, raconte !!! Tes rencontres !!!

— Mes rencontres sur le net !!! C'est sympa d'une manière générale… j'ai rencontré trois personnes en tête à tête, et ça m'a vite un peu gonflée !! Le premier était sympa et beau gosse mais pas de tilt !! Le deuxième, bof, le troisième, j'ai failli annuler le RDV quand il m'a envoyé sa photo, mais je n'ai pas voulu être bêcheuse !! Et j'ai eu raison car c'est quelqu'un de très sympa qui pourrait bien devenir un pote !!!

— Et alors ?

— Bon et alors, un jour j'ai été invité à un apéro dans un bar du centre-ville par un certain Jules… n'étant finalement pas plus courageuse que ça mais aussi très altruiste !! J'y suis allée avec mes deux amies Mum's et Zinzin. Nous nous sommes retrouvés à neuf et c'était bien agréable !!! J'ai aimé cette idée et je l'ai copiée !!! J'ai organisé un apéro le vendredi suivant, mais là, trente personnes au moins ont répondu à l'appel !!! ce fut une sacrée soirée qui a eu beaucoup de succès, puisque des personnes présentes m'ont demandé de remettre ça, tout comme celles qui n'avaient pu venir et le regrettaient amèrement !!! D'ailleurs quelques couples se sont formés !!!

— Oui, mais, et toi ??

— Moi ? J'avais quand même convié quelques prétendants !!!

— Et ?

— Et… un des premiers arrivés fut celui que je quittai le lendemain après-midi !!!

— Hum hum !!! Et ?

— Et nous avons passé une excellente soirée !! En fait, je dois avouer que, au vu de sa photo, ça n'était pas ça !!! Mais dès qu'il est arrivé, le personnage m'a quelque peu séduite !!!

— Le seul ?

— Je te vois venir !!! Non, d'autres me plaisaient également… simplement, il a su retenir mon attention !!! Après le café, nous étions un petit groupe de sept, un excellent chiffre !! Deux filles géniales qui venaient d'Annecy, Marielle et Judith, un mister Wizzzzzz complètement déluré qui ne ressemblait absolument pas à la photo qu'il avait bien voulu insérer dans son annonce, un grand black bien sympa, Christophe, un gars typé italien bien sous tous rapports, à priori, Tony, mon « prétendant » et moi !!! Nous sommes allés danser dans un pub, puis dans un autre et nous avons terminé à dévorer des croissants chez ce fameux « prétendant » qui habite le vieux Lyon… trois couples se sont formés dans le premier pub… Mister Wizzzz ne voulant pas tenir la chandelle nous a quittés prématurément… vers 8 h 30 du matin, le reste de la troupe est parti et nous nous sommes retrouvés seuls « enfin seuls » m'a-t-il soufflé dans le creux de l'oreille !!! Nous nous sommes séparés sur les coups des 16 h 30… j'avais convenu, que ce serait lui qui me rappellerait… finalement, c'est moi qui lui ai téléphoné pour lui proposer une ballade aux chevaux !!! Mais il dormait !! En effet il avait dû reprendre le boulot le soir même… et ce fut dur !!! Il a quand même repris contact avec moi, me conviant à son domicile… et nous ne nous sommes pas quittés avant aujourd'hui, disons ce matin 11 heures… et je ne me suis pas ennuyée !!! J'espère que lui non plus !!! Voilà… Affaire à suivre… ou ne pas suivre… Demain nous dira !!!

— Bon alors ça y est, tu quittes déjà le club !!! ?

— Penses-tu !!! Loin de là !!! Cette soirée a eu un tel succès que je suis obligée de remettre ça ! Donc nouvelle soirée vendredi, même lieu même heure !!!

— Mais… et ton prétendant ???

— Me séduira-t-il encore ? Le séduirais-je encore ?

— Je ne te sens pas « emballée » !!! ?

— Honnêtement ?

— Le plus possible !!!

— Je ne sais pas !!! Je ne crois pas…

— Non, Zoé, ça n'est pas toi ??? !!

— C'est là que je ressens combien j'ai changé !!! Bien sûr qu'il m'a plu !!! Mais je me sens méfiante !!!

— Envers lui ?

— Ou envers moi !!! Je ne sais pas… j'ai été un peu déboussolée, je l'avoue… mais je ne sais que penser de cette relation. Je ne le « sens » pas en fait…

— Pas possible !!! Tu me sembles « blindée » !!! Non et non, ce n'est pas toi !!!

— Si et si, c'est bien moi !!! À suivre !!!

— Je veux oui !!!

<u>27 mars 2002</u>

Je voudrais glisser, ou devrais-je dire sombrer dans les méandres de l'amour… tout doucement et subrepticement.

Tant de facettes coexistent en moi !!! Ce sentiment de force empreinte de sérénité, cette méfiance qui me pousse hors de cette voie, cette foi et cette envie de vivre pleinement qui m'y jettent.

Je me sens tout à la fois calme et impatiente. Assez calme pour me délecter de ces précieux instants, lorsque je gravis l'escalier, et impatiente, d'une impatience tranquille, d'ouvrir grand ce cœur qui se gonfle et finalement l'offrir à celui qui aura su lui redonner vie en lui insufflant cet air de bonheur !!!

28 mars 2002

— C'est étrange !! Au moment même où je voudrais glisser, des événements me rappellent à l'ordre. Je ne sais pas du tout que penser de ma relation naissante avec ce netclubien… elle me laisse dubitative. Pas de réel coup de foudre, mais un jeu de séduction… J'ai le sentiment de le connaître depuis toujours quelques fois… je ne suis pas convaincue qu'il corresponde à ce que je peux attendre d'un homme et ni correspondre à celle qu'il recherche. Je suis méfiante… Il y a quelque chose que je ne « sens » pas !! Quoi ? Je n'ai pas envie de me prendre la tête mais en même temps, j'ai envie de savoir où je mets les pieds !!! En fait, il parle de beaucoup de choses mais rarement de ses émotions… ou de ses sentiments… il dira « ce film est beau grandiose, prenant » mais non « je suis ému, touché par ce film ». Extrême pudeur ? Blindage ? Vide absolu ? Il parle beaucoup de ce qu'il aime, de ses passions, de ses lectures, de sa musique, mais jamais de ses ressentis… Il est un peu un extraterrestre pour moi quoi !!! Mais c'est amusant, voire séduisant !!!

— Séduite Zoé ?

— Je ne sais pas, sans doute un tantinet, sinon, je me serais sauvée !!! En fait c'est attirant de devoir deviner l'autre à travers des propos parfois anodins !!! Il dit « faire semblant » d'être possessif lorsqu'il prévient mes éventuels courtisans que je suis SA copine et plaisantant qu'il est armé jusqu'aux dents, et qu'il est venu à la dernière soirée avant d'aller au boulot pour « me surveiller » !!! Mais existe-t-il souvent des fumées sans feu ??? Il fait peut-être partie de ceux-là !! Je ne sais pas !!! À suivre… ce qui me semble important aujourd'hui, est que je me sens sereine face à ma vie tout simplement… puisque celle-ci ne me réserve jamais plus que je ne puisse supporter.

— Quelque part, tu es en train de me dire que tu ne sais pas où tu en es avec lui ?

— Quelle importance cela a ? Je profite de l'instant présent !!!

— Je te reconnais enfin !!! Mais s'il te quitte demain ?

— Et bien il me quitte !! C’est que ce n’était pas lui !!!

— C’est tout ?

— Je ne sais pas !! Je n’arrive même pas à l’imaginer !!!

— Te voilà bien sûre de toi !!!

— Pas du tout !!! Je me sens sereine c’est tout !!! Je n’y pense même pas, c’est tout !!! Je ne vais quand même pas me prendre la tête !!! Qui vivra verra !!!

AVRIL 2002 :
Bof... bof... bof

2 avril 2002

C'est étrange, en même temps je me sens sereine, en même temps une étrange angoisse m'étreint !!!

Pourquoi, comment ? Je ne sais pas !!! Non, vraiment, je ne vois pas pourquoi quelque chose me turlupine !!! Je cherche… sans grand succès !!! Peut-être qu'au fond de moi je sens que ce n'est pas lui !!!! Ou que c'est lui !!!! Plutôt que ce n'est pas lui !!! Ai-je peur de passer « à côté » ? S'il n'y avait pas cette angoisse qui sourde en moi, je ne poserai pas tant de questions !!! Ce serait plus simple !!! Est-ce que je ne me demande pas tout simplement si j'ai fait le bon choix ? Et pourtant rien n'est irréversible !!! Ça ne doit donc pas être ça !!! Mais qu'est-ce donc ? Combien cela m'agace !!!! Combien c'est pénible !!! En fait, il a des côtés sympas et séduisants et d'autres qui m'agacent au plus haut point !!! Par exemple, il a un côté « précieux » qui me gassouille !!!

J'ai vu une émission à la télévision où ils essayaient de trouver une raison à la solitude. A priori, les gens seraient seuls car ils n'ont pas assez confiance en l'autre. Ils ne se dévoilent pas, ne se fient à personne et du coup, se sentent seuls !!! Quelle logique !!! (Ironie) et quelle évidence !!!

12 avril 2002

En fait, je ne me sens pas « amoureuse ». Il me manque cette petite flamme qui fait que… OK, Il est certainement un gars bien, il est à priori cultivé, je ne m'ennuie pas avec lui, et même quelque fois, je suis obligée de le stopper de causer car quand il part dans un de ces sujets de prédilection il devient bavard à m'en saouler !!! Mais, quelque part il manque d'enthousiasme, je ne le sens pas « vivant » et ça me manque !!! Je ne peux pas vivre sans passion, sans cette flamme qui fait que... C'est dommage... mais c'est moi... J'écrivais dans mon carnet à spirales, il n'y a pas si longtemps que je ne me reconnaissais pas dans ma relation avec lui... parce que je ne faisais pas « le cœur d'artichaut »... mais c'est ÇA !!! Et c'est terrible !!! Ça fait trop longtemps que je ne suis pas « tombée amoureuse » et ça me manque cruellement !!!! Mon cœur étouffe !!! JE étouffe !!!! Et ce soir, par exemple, je me sens seule... pas dépressive mais seule, car sans flamme !!!! Voilou... A+

13 avril 2002

Mon netchosien m'a quittée. Il dit m'adorer mais ne pas être prêt pour une relation suivie. Il n'est pas amoureux non plus de moi !!! Au moins là-dessus, on est sur un pied d'égalité !! Je suis contrariée !!! Sans aucun doute frustrée, amour-propre froissé !!! Sur ce coup, il m'a devancée !!! Zoé, coiffée au poteau !!! Même si je n'étais pas amoureuse, c'est un échec !!! Toute nécessaire que soit cette rupture... une rupture reste une rupture, avec une certaine douleur !! C'était une nouvelle expérience sans doute enrichissante... une nouvelle pierre à mon édifice !!! Je sais que je m'en remettrai mais je suis quand même blessée !!!

J'ai au moins appris que les personnes ne sont pas toujours ce qu'elles se disent ou se veulent être, et que les plus « cultivées » à priori ne sont pas forcément les plus intelligentes dans la mesure où elles ne s'adaptent pas et où elles ne sont pas ouvertes d'esprit, je m'entends !!!

Lundi 15 avril 2002

Je me lève... et je te bouscule... non, je ne bouscule personne d'autre que moi !!! Il faut en tout cas !! Car je me sens fatiguée...

de devoir me battre tout le temps !! Quoi que je veuille, il me faut toujours me battre pour l'obtenir !!! Suis-je donc une « guerrière » ??? Parfois, je n'ai plus envie de me battre !!! Une grande lassitude dans ma tête !!! Je me sens en situation d'échec sur tous les plans !!! Je sais néanmoins que c'est au plus profond de ma personne qu'il me faut puiser la force d'aller de l'avant !!! Il ne me faut jamais oublier que toutes les clés sont en moi ! Mais là, un peu d'épuisement quand même !!! Il me faut me reposer !!!

Mercredi 17 avril 2002

Je me relève… tout doucement mais sûrement !!! Je me sens meurtrie… je commence à entrevoir le mécanisme qui fait que depuis quelques mois, je ne suis pas « tombée » amoureuse. Comme si mon cœur était percé de petits trous… Chaque échec est un trou !!! Maintenant il est comme une passoire, donc vide !!! Il ne peut plus « se gonfler » d'amour !!! Normal !! Il faut que toutes les plaies se cicatrisent. Faut-il longtemps ? Demande le cœur enfant à son cœur grand-mère ? Je ne sais pas mon enfant… Si un gentil lutin tel que Cupidon passe par là, tu peux guérir du jour au lendemain et s'il tarde… dis-toi que chaque chose en son temps !!! Mais avance… baigne-toi de lumière… ton cœur ira mieux !!!

Finalement, à ce jour et à cet instant, je me demande s'il vaut mieux être seule que mal accompagnée ?? Oh Zoé, quelle question idiote !!! Mais bien sûr !! J'ai quand même parfois du mal à supporter cette solitude qui s'accroche à moi comme une tique au cheval, m'épuisant !!! J'ai envie de partager ma vie avec quelqu'un… Oui je sais j'ai ma famille et mes amis, mais je pense à ma vie privée !! J'ai besoin d'amour, tout simplement !!! Beaucoup ?? Oui, tout plein !!! J'ai envie que quelqu'un me manque et que je lui manque, j'ai envie d'avoir envie de quelqu'un et qu'il ait envie de moi !! J'aimerais bien qu'un ange passe et panse toutes mes plaies d'un coup d'un seul !!!

Je regrette, et oui… De ne pas avoir aimé aussi SOUVENT que je l'aurais souhaité ma famille, mes amis et mes chats !!! Néanmoins, jamais vous ne quittez mes pensées et mon cœur !!! Je voudrais juste être plus près de vous plus souvent encore… je vous aime si fort !!! Vous êtes ma raison de vivre !!! Et un peu la seule jusqu'à ce jour !!! Vous êtes ma faiblesse !!! C'est pourquoi je suis là et que j'endure cette solitude qui parfois me mord !!! Si je n'avais aucun lien je me « transformerais » en mère Teresa, et je parcourrais le monde entier pour aider ceux qui en ont besoin !!! Mais je ne suis que moi !!!!

Cette semaine, j'ai fondu en larmes au message de Mémé me demandant si j'allais bien ou comme le temps gris et plein de pluie !!! Et mon papa adopté s'est inquiété de ne pas me voir pour déjeuner !!! Et malgré mon absence, il avait préparé mon assiette !!! Comme il est gentil !!! Un vrai papa poule !!! Maman aussi me laisse des messages quand « j'oublie » de lui donner de mes nouvelles !!! Mes frères s'inquiètent de moi !!! Mes amies aussi !!! Bref, force m'est de constater que je suis bien entourée !!! Et non, je ne suis pas seule, quoi que je puisse ressentir…

20 avril 2002

Je suis déçue par la réaction de mon amie Zinzin suite à l'appel de mon ex-amant netchosien, l'invitant, elle et une autre copine à se rendre ce soir je ne sais plus où, et ça n'a d'ailleurs aucune importance. Je n'étais pas invitée, mais d'après le netchosien il m'avait demandé si j'étais « pour ». Pour quoi, je ne sais pas, mais en tout cas il ne m'a rien demandé !!!! Bref !! Sachant que j'aime sortir et faire la fête, et dans la mesure où moi, je convie cette amie chaque vendredi à mes apéros rencontres de netchosiens, elle aurait pu proposer ma candidature !!! Du coup devant ma déconvenue et ma colère !!! Elle ne voulait même plus lui téléphoner !!! Je ressens sa réaction comme si, finalement, elle ne voulait pas perdre un nouveau pote !!! Il me semble que, si quelqu'un était faux et faisait une crasse à mon amie, je ne m'acoquinerais pas avec lui et même je l'enverrais bouler !!! Je sais, et mon amie Mum's ne cesse de me le répéter, chacun réagit différemment !! Mais quand même !!! Oh et puis, je réagis peut-être mal parce que je ne suis pas encore en grande forme !!!!

21 avril 2002

Je ne crois pas qu'on se blinde à force de prendre des claques. Je crois au contraire que les joues deviennent si rouges qu'elles en sont hypersensibles. Ensuite, rien que le simple fait de les toucher fait souffrir !!! Voilà, cette image me semble assez parlante. Par contre, c'est vrai qu'on peut se blinder en fermant les portes aux causes de ces claques, ça oui !!!! Et ça peut être judicieux pour laisser guérir les joues !!!

24 avril 2002

Pourquoi toujours douter de la parole de l'autre, ne jamais avoir confiance en son honnêteté et son intégrité ??? Je pense à un message d'un netchosien qui me dit « sniff, je n'ai plus de tes nouvelles » et à qui j'ai répondu que j'étais désolée mais très occupée en ce moment et que je reprendrai contact avec lui bientôt !! Et alors il me répond que si j'étais franche, je lui dirais que j'ai rencontré quelqu'un !!!! Ce qui n'est pas le cas du tout !!! Je lui ai envoyé un mail lui expliquant que je travaille peut-être trop et que c'est peut-être aussi pour cela que je suis encore célibataire !!! Et voilou… plus de nouvelle !!! Mais j'ai envie de lui dire que, au lieu du message nul qu'il m'a fait parvenir, il aurait été plus franc et honnête de me dire : « je suis déçu ou frustré que tu n'aies pas plus de temps à m'accorder via Internet ». Finalement, il m'agresse en me traitant de malhonnête, le fond de son discours ressemble à ça, sans être parano !!! Mais ce n'est pas la meilleure façon de rentrer en contact avec quelqu'un !!! L'agressivité n'a jamais été un gage d'amitié !!! Je crois qu'on accuse souvent l'autre des défauts ou des lacunes qu'on porte !!! À suivre…

26 avril 2002

À ce jour, sauf à ce que Cupidon me décoche une de ses flèches, donc sauf « coup de foudre » je n'ai pas envie de rencontrer un homme. Je pense qu'il faut d'abord que je panse bien mes plaies, que je me reconstruise plus solide que jamais !!! Je navigue en eaux troubles !!! À moi de la filtrer !!!! de régler mes comptes avec moi et tous ceux qui m'ont fait des crasses !!!! Aie aie !! C'est parti !!

27 avril 2002

Je me sens un peu perdue en ce moment, il me faut me remettre les idées en place. Je ne me reconnais pas.

Le fait de me replonger dans mes écrits me fait un déclic formidable !!! Mais oui, c'est bien sûr, il ne faut pas chercher midi à quatorze heures !!! La vie est simple, pourquoi s'embarrasser de sentiment de culpabilité quand il n'y a pas lieu ??? Vraiment… !!! Comme si je devais me sentir coupable de ne pas être « amoureuse » !!! ?? C'est comme ça !! C'est la vie !! C'est tout simplement que je n'ai pas rencontré l'homme qui m'a fait « tilt » et c'est tout !!! Je ne vais tout de même pas faire une union de raison sous prétexte que quelqu'un s'attache à moi alors que je ne suis pas amoureuse !! Non, ce ne serait pas moi !!! Et voilà, je me sens à nouveau légère !! Je me retrouve !!! C'est comme si, en quelque sorte, j'avais oublié qui je suis !!! Étrange non ??? Mais c'est chose réparée, j'ai retrouvé ma mémoire !!! Je m'étais peut-être égarée et top là, je me suis retrouvée !!! Génial non ??? Quand je dis que toutes les clés sont en nous !!!! C'est bien vrai ça !!!

Je vais commencer par régler un contentieux que j'ai avec une netclubienne, Stéphanie, dont je n'ai guère apprécié le comportement lors de mes apéros netclubiens !! Je vais lui adresser ou pas, un de ces messages !!! ça n'a aucune importance dans la mesure où j'évacue…

— Oh oh !!! Des ennuis avec tes invités ????

— Oui, c'est un peu ça !!! En fait, je suis très déçue que cette nana prenne mes apéros rencontres pour un vivier !! Je comprends fort bien que des groupes se créent en fonction des affinités de chacun. Néanmoins, je n'apprécie guère qu'elle vienne « débaucher » le soir même, les personnes que j'ai conviées. Tu me répondras, et là tu auras tout à fait raison, que chacun fait fait fait ce qui lui plaît plaît plaît !! Doo doo dood doo dood dooo !!!! Et je t'accorde que les plus indécents sont ceux qui, malgré leur réservation pour ce repas brésilien, sont partis dans un autre restaurant avec elle !!! Je pense à deux filles qui nous ont fait faux bond en invoquant un prétexte des plus bidons – qui me fait réaliser aujourd'hui qu'elles m'ont vraiment prise pour une « pomme », mais je ne vais pas me refaire, on dit souvent que « trop bonne » rime avec « conne » !!! Bref certains n'ont aucun respect de l'autre !!! Ça, ce n'est pas nouveau !!! Et oui, certaines valeurs se perdent malheureusement !!! – et à un gars – honnête, lui, ce qui lui a valu mes foudres sur le moment d'ailleurs !!!

Une fois que j'ai dit ce que j'avais sur le cœur, ça va bien mieux !!! Sans rancune pour autant !!! Après tout !!! Chacun fait ce qui lui plaît, en respectant ou non les autres !!! N'est-ce pas ??? C'est bien ce qui se pratique couramment en ce moment un peu partout !!!

— Ah la la, c'est grave comme ça fait du bien de se défouler en réglant ses comptes avec qui de droit !!!!

Mais, que je continue…

— Surtout que tu n'y vas pas avec le dos de la cuillère !!!

28 avril 2002

— Il y a deux semaines, j'ai déjeuné avec un netclubien avec qui j'avais dialogué un peu par écrans interposés… Il est séparé depuis un an et vit avec ses deux garçons… en manque d'affection évidente. Je l'appellerai « le Breton » pour ne pas le nommer. Il est vrai que lors de notre rendez-vous, j'ai été agréablement surprise de ne pas voir arriver un homme repoussant – appelé communément un « thon » !!!!! Nous avons bien discuté… comme très souvent, quand la personne en face de moi est sympa et que le courant passe, nous avons papoté de nos petits soucis quotidiens, de notre façon de voir la vie, échange de « confidences ». Etc. Pour ma part, rien d'exceptionnel, mais pour lui apparemment si. C'est là que ça se gâte !! Je crois qu'il confond compassion et attirance, amitié et amour. C'est vrai que notre rencontre m'a quelque peu troublée, car j'ai entrevu la possibilité de rencontrer effectivement un homme divorcé ou séparé, bref quelqu'un d'à peu près mon âge. Mais ce n'est pas LUI qui m'a troublée. Je ne ressens aucune attirance pour lui. Je le vois comme un ami potentiel mais surtout pas comme un amant !!! Il pense que, parce que je l'ai trouvé pas mal et que nous avons bien discuté, nous pouvons aller plus loin. Il « ressent » déjà certains sentiments pour moi, dit-il. Mais moi, je crois qu'il analyse mal ses sentiments et ses émotions. Cela fait trop longtemps je crois, qu'il n'a pas partagé d'amitié. Voilà, il va me falloir lui expliquer ça.

J'ai l'impression qu'il a tellement peu « existé » ces derniers mois – manque de considération, d'écoute, d'affection – qu'il reporte toutes ses envies et tous ses rêves sur moi !!! Et je pense qu'il est dans l'erreur. Oui, certainement qu'il a un grand vide à combler, mais ce n'est pas une raison pour tout mélanger !!! Ce n'est pas parce qu'une personne t'accorde de l'attention, t'écoute, te considère que ça y est, c'est arrivé !!!! Ce sont des valeurs que je considère normales, c'est le respect de l'autre !! Tout simplement, rien de plus, rien de moins !! Ce « devait » être les valeurs intrinsèques de tout individu !!! OK, ce n'est pas le cas pour tous !!! Mais pour moi oui !!! Voilà !!! Comme je me sens bien légère, je vais pouvoir rétablir « la vérité » sans souci et surtout sans scrupule !!! Je n'ai pas à me reprocher d'avoir accordé mon attention à quelqu'un qui en avait besoin, même s'il a mal perçu et interprété mon attitude.

En fait, aujourd'hui, je me rends compte qu'en voulant simplement être aimable, gentille et humaine – moi tout simplement !! – ça me retombe sur le coin du nez !!! Moralité : « soyons de vieilles garces » dixit Mum's !! Ce qui est grave quelque part, c'est que s'il saute et s'accroche à la première rencontre avec une femme, il risque d'aller de déception en déception !!!

— Un peu comme toi finalement ???

— Oh, je ne vais pas non plus toujours que de déception en déception !!!! D'autant que je ne garde que le positif de chaque relation, après en avoir fait le deuil. Mais il est vrai que l'on reproche souvent à l'autre ce qu'on n'aime pas chez soi !!! Oh et puis lui, il cherche la petite bête !!! Pas moi !!!!

Sinon, j'ai eu des nouvelles de ma « copine » netclubienne qui squattait mes soirées pour se recruter une bande de potes !!! Elle m'a répondu qu'elle partage totalement ce que je viens de lui écrire pour en avoir fait les frais lors de l'organisation de soirées nets cet été et que ça lui semble incontournable. Quant à elle, autant les apéros la séduisent, autant les repas dans ce café lui paraissent chers et le lieu inadéquat (trop de bruit pas assez de place d'où leur non-réservation). Ils avaient décidé d'aller manger ailleurs comme les autres fois. Ils n'ont soi-disant débauché personne, les personnes qui les ont suivis l'ont fait seules en leur âme et conscience. Appréciant en revanche mon travail elle compte me convier à son prochain barbecue à la maison dès que le temps le permettra. Elle dit apprécier ma franchise, et serait ravie de mieux me connaître, elle envisage toujours d'organiser une grande soirée dansante dans le restaurant de Vaise qu'elle connaît.

Ce à quoi j'ai à mon tour répondu que je la remerciais très sincèrement de m'avoir répondue… Elle semble avoir très bien compris que le fait de m'exprimer me permet de n'avoir aucun contentieux à régler avec qui que ce soit et de ne nourrir aucune rancune. Par conséquent, c'est avec plaisir que je me joindrai à eux prochainement que ce soit au barbecue – vivement qu'il fasse beau !!! – ou à sa grande soirée…

Et voilà une chose de réglée !!!

MAI 2002
Règlements de comptes !!!!!

<u>1er mai 2002</u>

Passons aux affaires courantes !!!! La dernière ???? Je me suis fait virer de l'espace rencontres sur Internet !!!! Et sans préavis !! Soudain plus de fiche !!! Effacée !!! Alors je leur ai écrit…

« Je ne pense pas que cela provienne d'une mauvaise manipulation de ma part. Je suppose donc que vous me radiez ?? Et ce sans me prévenir et sans aucune justification.

Pour information, sachez quand même, qu'en faisant la promotion de cet espace, j'ai organisé bénévolement (puisque je ne vous ai demandé aucune subvention, ni à vous, ni aux netclubiens et netclubiennes !!??) des apéros rencontres dans un bar où le patron a bien voulu nous accueillir (il n'est pas évident de trouver un lieu accueillant et assez grand pour plus de 30 personnes !!) et incité plusieurs personnes sur toute la région du Rhône à adhérer à cet espace rencontres. Aujourd'hui, certains adhérents me téléphonent pour me demander ce qui se passe, où est passée mon annonce et comment faire pour inciter d'autres personnes à s'inscrire si je ne suis moi-même plus adhérente et plus à même de les faire se rencontrer… pour de vrai !!! Ce qui est quand même le but de cet espace, non ??? Sachez également que grâce à ces fameux apéros, certains couples se sont formés et font l'éloge de cet espace. On me demande d'ailleurs souvent si je travaille pour vous en tant que commerciale !!!

Vous voilà à même de comprendre mon mécontentement, et celui d'autres adhérents fidèles. »

— Et alors ? Résultat des courses ?

— Ils m'ont répondu… tardivement en m'accusant de copier-coller à grande échelle, et que ça devenait par conséquent une proposition plus commerciale que réellement conviviale.

— Oh oh !!! Et ??? Je suppose que tu as répondu !!?

— À ton avis ??? :

« Tout d'abord, je vous remercie de votre réponse… tardive… mais mieux vaut tard que jamais.

Et surtout, détrompez-vous !!! Et demandez donc plutôt aux personnes conviées ce qu'elles en pensent !!! Ce serait certainement plus judicieux que de « virer » les adhérents sans crier gare !! Et puis, n'est-ce pas la meilleure façon de se mettre en contact avec les netclubiens ? Contact qu'ils perpétuent via votre site !!!! Qu'est-ce que ça a de commercial ? Sinon pour VOUS ?

Le terme « convivial me semble plus approprié… Et surtout, ne vous leurrez pas !!! Il est très facile de se créer plusieurs fiches sous des pseudos différents via des adresses différentes !!! Tout le monde en use et en abuse !!! »

Et je leur ai copié les témoignages de sympathie que j'ai reçus… Et il y en avait un bon petit lot, au moins quatre pages !!!!

D'une manière générale les netclubiens sont révoltés de l'attitude de ce site… et trouvent que les bonnes actions ne sont pas récompensées à leur juste valeur… puis, ils se demandent ce qui va se passer maintenant ??? Allons-nous nous laisser dépasser par les événements ??? Certains se proposent pour diffuser les informations au risque de se faire radier à leur tour, d'autres veulent créer un site rien qu'à nous… Bref, autant de témoignages qui me font plaisir !!! En attendant, chose promise, chose due, je me suis bien sûr réinscrite sous un autre pseudo « marie Charlotte » via une nouvelle boite aux lettres !!! À suivre… Décidément, que de choses à suivre !!!!

— Bon alors, la suite… ????

— Qu'est-ce que je peux être couillonne et naïve des fois, c'est incroyable !!!! Un netclubien, qui vend son appartement « de particulier à particulier », et avec qui j'avais un peu discuté lors de la dernière soirée brésilienne, m'a invitée à prendre l'apéro chez lui ce soir. J'ai trouvé ça sympa et je pensais que ça avait un rapport avec la vente de son appartement car il avait sollicité mon avis. Et bien non !!!! Il voulait me courtiser !!!! On a bien papoté de 19 h 30 à 21 heures, heure à laquelle j'ai souhaité partir… « mais tu as le temps !!! » « Non, je suis fatiguée, et je dois encore m'occuper de mes chats, je te remercie, ton apéro était sympa, mais maintenant, je rentre » et au moment de lui faire la bise pour lui dire au revoir, il a tenté de m'embrasser… mais j'ai bien esquivé et fait comme si de rien n'était afin de ne pas le mettre mal à l'aise. Je lui avais quand même précisé lors de notre discussion que je n'avais aucune intention ni envie de rencontrer quelqu'un… c'est clair, il me semble ???? Et bien en rentrant chez moi, j'avais un message sur mon répondeur, coupé d'ailleurs, m'expliquant que je lui plaisais bien, etc. Je lui ai donc envoyé un mail, le remerciant pour l'apéro et lui mettant les points sur les « i » : « désolée, Il n'y a pas moyen, aucune chance, laisses tomber » là, c'est hyper clair !!!

D'autant qu'en plus, il ne me plaît pas du tout !!! Voilou !!!

Comme les gens sont étranges !!!

Aujourd'hui a été une journée de manifestations un peu partout… anti-front national, pro front national, les syndicats, etc. ; Ils disent aux informations télévisées qu'il y a eu un million trois cent mille personnes dans les rues en France ce jour !!!!

Il y a eu aussi une marche commémorative de l'assassinat d'un jeune marocain par des « skinheads » en 1995. Mais pourquoi ne commémorons-nous pas chaque personne qui a été assassinée sur notre sol ??? Chaque enfant victime d'un pédophile, chaque femme battue et violée… bref, toutes ces victimes innocentes qu'elles soient enfants, adultes, blanches, noires ou autres ???

Cette iniquité des réactions populaires me sidère !!! Finalement, comme le dit si bien Montaigne, l'homme est plus malmené par ce qu'il pense des événements que par les événements eux-mêmes !!!

Les assassins du jeune marocain ont été condamnés de cinq à huit ans de prison dont certains avec sursis !!! C'est bien peu payer pour un meurtre !!!! Mais au fait, c'était quel gouvernement en 1995 ???

Aujourd'hui, à l'aube du deuxième tour des élections présidentielles, voici ce qui se passe :

Il ne nous reste que deux candidats… Jacques CHIRAC et Jean-Marie LE PEN !!!

Et voilà qu'enfin, la population se réveille !!!! Mais si nous en sommes là, n'est-ce pas notre faute à tous ???? Ne sommes-nous pas tous responsables ??? Ainsi, la population se réveille… tardivement… mais il paraît qu'il vaut mieux tard que jamais !!!! À suivre…

Malgré tout, on dirait que le monde entier n'y entend plus rien en politique et surtout n'y croit plus ! !! J'ai entendu des chiffres qui parlent d'eux-mêmes : sur 22 millions d'électeurs britanniques, il y a 4 ans, le taux d'abstention a été de 72 % !!!!! Aujourd'hui, ils ont pris des mesures pour inciter le citoyen britannique à aller voter : ils ont fait des urnes à roulettes, donné la possibilité de voter par téléphone (avec un code secret !!) par Internet et via des bornes de votes électroniques placées devant les supermarchés… Quelle imagination ils ont ces britanniques !!! N'empêche que, si ça marche, ce sera bien !!!!

À suivre

5 mai 2002

Pour faire un petit tour jusqu'à mon petit nombril… Je me fais du souci pour mon job !!! Et pour mes finances !!! Rien ne va plus ! !! Faites vos jeux !!!! Je me demande si je ne vais pas être obligée de me trouver un job d'appoint ???? Grave !!!

J'ai des soucis !!!! Financiers !!! Les affaires ne marchent pas comme je veux… et les charges tombent voire pleuvent toujours !!! J'en suis à me demander si je ne devrais pas trouver un job de salariée !!! Comme quoi, j'ai contribué à la baisse du chômage puisque j'ai créé un emploi… le mien !!! Et aujourd'hui, je ne subviens plus à mes besoins… par contre, je paye toujours mes charges !!! Et si je me plante carrément, je n'ai pas droit au chômage… Les bonnes actions ne sont-elles donc jamais récompensées ???? On vit donc dans une société d'assistés qui n'assistent pas ceux qui se démènent pour bosser ?? C'est dingue quand même !! Bref, je suis dans la M… !!!! Je me demande comment je vais faire ????

Mais dans tous les cas, des histoires de pognon ne méritent jamais qu'on en ait marre au point de se foutre en l'air !!!! C'est trop nul !!!! Plutôt la tôle !!!! Au moins je vivrais aux frais de la princesse !!!!!

7 mai 2002

J'ai reçu un message d'un netclubien qui m'invite demain à Parilly voir courir les chevaux pour le tiercé… j'en suis enchantée !!!

Il est quelqu'un que j'aime beaucoup intellectuellement. Physiquement il ne m'attire pas. Bien qu'il ne soit pas laid du tout !!! Mais aujourd'hui, je crois ne pas avoir envie de relation autre qu'intellectuelle. C'est comme ça, je n'y peux rien… en plus, il part loin dans quelques mois… Bref, nous sommes quand même « amis », enfin je veux bien le croire…

Il m'envoie des messages qui me touchent beaucoup… même si je crois qu'il va me falloir encore, car je lui ai déjà dit, lui rappeler que je ne souhaite rien d'autre qu'une relation amicale entre nous… même s'il me trouve « très sympathique, sensible et attachante ».

12 mai 2002

— Comment va ta vie en ce moment ??? N'as-tu pas une histoire sympa à me conter ???

— C’est-à-dire que… non… Aucun détail croustillant !!! je n’ai plus de relation « charnelle » depuis maintenant quelques semaines… depuis le 6 avril très exactement… et je t’avouerais même que ça ne me manque pas…

— Toi ???? Non, je rêve !!!!???

— Pas du tout !!! Comme quoi !!!!

— Serais-tu blasée ????

— Bonne question !!! Je ne sais pas !!! J’aime beaucoup mon pote netclubien, intellectuellement parlant… cet homme qui lit K. Gibran !!! Uniquement car je ne suis pas attirée par « plus que ça !!» quant à BB…

— Qui est-il ??? Un netclubien ???

— Oh non, pas du tout !!! C’est un p’tit gars que j’ai rencontré dans un bar un soir bringue !!! C’était même le 2 février !! Bien avant que je ne sois inscrite sur le net !!!!

— Quelle mémoire des dates dis donc !!!

— Tu parles si je m’en souviens !!! C’est le jour ou des clients sont venus sans rendez-vous pour m’acheter une maison qu’ils avaient visitée la veille et qu’on avait à la vente depuis un bon bout de temps !!! Et ils sont passés directement au compromis !!!… pour se rétracter quelques jours plus tard !!!! Alors je peux m’en souvenir !!! D’ailleurs ce soir-là, on arrosait cette fameuse vente avec mon collègue Pete qui avait rentré le mandat !!!

— Bon alors pour en revenir à BB ????

— Oui pour en revenir à BB., Malheureusement il lui manque une bonne dizaine d’années !!!!

— Ah non !!! Encore un jeunot !!!

— Et oui !!! Dommage !!!! Car physiquement, il me plaît assez, intellectuellement beaucoup à priori…

— A priori ???

— Oui, désormais je me méfie des gens qui me semblent bien intellectuellement !!! J’ai déjà donné !!! Pour me rendre compte qu’effectivement, « la culture, c’est comme la confiture, moins on en a, plus on l'étale » !!! Heureusement, lui n'est pas comme ça !!! Il est au contraire très discret et très ouvert !!! C'est plaisant !! Mais je ne l'ai rencontré que six ou sept fois je crois… donc voilou… Et il faut toujours se méfier du paraître des individus !!! Bon, de toute façon, il a treize ans de moins que moi… ou j'ai treize ans de plus que lui… le résultat est le même !!! Relation inconcevable !!! Ou alors concevable mais éphémère !!! Forcément !!!

— Et alors, tu te laisses tenter malgré tout ou bien ????

— Je me laisse tenter par quoi ????

— Par un peu plus que ça avec le jeune BB. ?

— Je ne crois pas…

— Hum… à suivre ?????

— Si tu veux… à suivre…

— Je reçois en ce moment des messages fort sympathiques. Finalement, je suis quand même plus appréciée que je n'aurais pu le penser !!! Et ça fait du bien de le constater !!!! Je monte de quelques degrés dans mon estime !!!

Ça y est !!! Mon curriculum vitae est prêt !! Je vais pouvoir faire le tour des agences pour voir ce qu'on peut me proposer de mieux que ce que j'ai aujourd'hui !!! À suivre donc !!! Cette semaine, il me faut aussi m'occuper de faire faire des estimations de la maison de Pépé de Ranchal… car c'est décidé, en fait tout le monde est décidé, maman l'achète !!! Pourquoi une autre estimation ? Parce que celle faite par l'agence très connue pour laquelle je travaille ne convient pas… « Pas assez chère !!!!» Et non !!! Ils veulent de l'argent… du pognon sonnant et trébuchant !!! Il n'y a que ça qui les intéresse !!! Quitte à escroquer leur propre sœur, ils s'en cognent !!! Complètement !!! Je trouve cette attitude ignoble !!! Aujourd'hui, puisque Maman achète cette maison, cela signifie qu'un jour elle nous reviendra à Chris et moi… Alors aujourd'hui et à jamais, je fais le serment de ne jamais vendre cette maison et de toujours l'entretenir moitié moitié avec mon frère et de ne jamais nous disputer à son sujet… Je fais ce serment pour maman, pour Pépé et pour mon frère… car je trouve ces histoires de famille viles, stériles et négatives… et aujourd'hui, j'ai honte de cette famille qui se bat pour quelques billets de plus…

Voilà donc aujourd'hui, ce à quoi se résume ma vie !!!! Des relations à l'argent quelque peu embrouillées, des relations via le net… Ai-je encore des rêves plein la tête ???? Je me le demande parfois !!! Pourtant il est tellement important de rêver éveillée !!!! Mais les soucis bassement matériels l'emportent parfois sur cette envie de progrès intérieur… Comme c'est dommage !!! Mais j'ai confiance, ma forme légendaire me revient déjà !!!! Je sens tout mon corps tressaillir… comme si la sève montait en moi !!!!

Concernant BB., je suis partagée entre l'attrait du plaisir pour le plaisir qui m'attire encore et toujours, il faut croire !!!, ce plaisir de me « retrouver » telle que j'étais encore il y a moins d'un an… cette jeune femme insouciante qui profite de tous les plaisirs que lui offre la vie avec cette soif de vivre intensément, cette soif de rêves… et cette nouvelle sagesse qui semble guider mes pas, ou devrais-je dire mes errances depuis quelque temps… Est-ce cela la sagesse ???? Ne plus vivre à deux cents pour cent quelque part ???? J'ai essayé… cette nouvelle nature prendra-t-elle le dessus ??? Je n'en suis guère convaincue… car finalement, je me sens un peu « éteinte ». C'est comme si j'avais besoin de me nourrir de la jeunesse de ces jeunes hommes, de la folie de ces moments d'extase… oui, là, c'est moi !!! De m'enrichir de tous ces instants éphémères… Ne serais-je que volage en amours finalement ???

M'étais-je égarée ????

<u>13 mai 2002</u>

BB. Bravo !!! Je t'adore !!! Et je te remercie de m'avoir rendue… à moi !!!! Tu es ce coup de sonnette que j'attendais ou que je n'attendais plus ??? Pour me réveiller et me sortir de cette torpeur qui envahissait mon corps, mon cœur et mon âme…

— Aujourd'hui, je me sens revivre !!! Je me sens soudain plus légère !!!

— Ça y est… tu fais le cœur d'artichaut !!!! Tu as un nouvel amant !!!!

— Pas du tout !!!! Je ne suis pas « amoureuse » ou éprise, non… mais de la vie à nouveau… oui ! Disons que je n'ai jamais cessé d'aimer la vie… mais elle me déprimait un tantinet ces derniers temps MA vie !!! Aujourd'hui, j'en retrouve la joie, la légèreté… Finalement le « Qui vit sans folie n'est pas si sage qu'il croit » de François de la Rochefoucauld se vérifie complètement !!! Et je dirais même plus, non seulement il n'est pas sage, il n'est plus vivant !

— Donc tout roule à nouveau pour toi ???

— C'est un peu ça !!!

— Tu n'as donc plus de souci ??!!

— Là, c'est un peu vite dit !!! Ça ne change rien à ma décision de trouver un autre emploi mieux rémunéré, ça ne remonte pas d'un coup mon compte en banque… mais à nouveau je me dis qu'il n'y a pas de problème sans solution… les banquiers servent aussi à octroyer des autorisations de découvert, ou à prêter de l'argent, et voilou !!! L'argent est un souci bassement matériel avec lequel je ne veux pas m'encombrer l'esprit ou me miner le moral !!! Pas question !! Ça ne doit pas m'angoisser plus que ça !!! Je crois que j'avais oublié combien j'aimais m'extasier devant la vie et ses merveilleux moments qu'elle nous offre à tous… Heureusement, me revoilà !!! Et j'oublie mes dernières errances. C'est drôle c'est comme si, ces derniers temps, j'avais exactement agi comme je ne l'ai jamais voulu : j'ai fait abstraction de mes émotions et de mes sentiments. Et c'est un petit génie qui m'a rappelé de ne jamais oublier de faire tout ce qu'on aime dans la vie, ou c'est ce que j'ai voulu entendre !!! Ai-je donc été lâche, faible ? Ai-je fui ?? Devant quoi ??? Comme par hasard, je n'avançais plus alors !!! Je m'effondrais. Comme si j'avais oublié la chaleur et la douceur du soleil sur ma peau !! Quelque part, oui, je m'étais perdue, je n'étais plus vraie, je n'étais plus moi !!!! Je m'enfermais dans une tristesse sans mesure… dans une mélancolie qui ne me permettait plus de vivre !!!! J'étais sa prisonnière !!! Mais comme au fond de moi, tout au fond, je suis une guerrière, et que la vie est bien faite, un déclic m'a permis de resurgir !! Et je me retrouve devant cette vie, devant ma vie, toute émerveillée, comme si je la découvrais !!!! Mes forces me reviennent… Je suis à nouveau légère, dans tous les sens du terme !!! Cette insouciance m'amuse !!!! OK, ça ne me fera peut-être pas rire indéfiniment, mais en ce moment, ça me fait du bien !!! Je profite de l'instant présent !!! Et comme par magie, les bonnes choses arrivent toutes en même temps, je sens un sursaut dans les affaires professionnelles !! On s'inquiète de moi, on ne souhaite pas me perdre… je « mets le paquet » je fais revenir des clients… deux ou trois bonnes ventes dans les deux semaines me remonteraient le portefeuille et le moral du même coup !!! Je réalise aujourd'hui et plus que jamais que je veux vivre à deux cent pour cent et croquer la vie à pleines dents !!! Je veux aimer ma famille, mes amis, mes collègues, mes potes, mes amants, en essayer encore, en adopter un peut-être !!!

— Tu veux encore essayer des amants ???

— Bah oui, peut-être tomberais-je sur la perle rare ???? Et puis, je ne vais m'encroûter ou devenir une vieille fille non ??? Et puis aujourd'hui, je me sens relativement bien dans ma peau et dans mon corps !!! C'est vrai que ces six kilos en moins y contribuent largement !!! Je suis devenue pas mal finalement !!! D'ailleurs mon amie Zinz était époustoufifiée devant ma nouvelle silhouette au dernier apéro !!!! Il faut dire que j'avais un peu abusée… vêtue d'une robe noire longue et moulante !!!! Moi !!!! Et il semble bien que j'aie remporté un vif succès !!!!

— Ah ???? Hum ????

— Oh, des aventures sans lendemain !!!!

— Tu signes et persistes !!!! Pas le bon encore ???

— Et non !!!! Il y en a bien un qui me plaît particulièrement mais… et d'un, il ne vient plus et de deux il n'a que vingt-sept ans, j'oublie encore que j'en ai trente-cinq !!! et de trois je ne sais même pas si je lui plais !!! Plutôt mal barrée sur ce coup non ???? Bien que finalement concernant l'âge, je n'en voudrais pas un vieux non plus !!!

— Alors tu renonces à rencontrer quelqu'un de ton âge ???

— Je crois oui, ou plutôt je ne sais pas... laissons faire la vie !!! De toute façon, chassez le naturel, il revient au galop !!!! Disons qu'entre vingt-huit et trente-trois, ce serait bien, je pense !!! Cet homme me conviendrait !!! Mais qui sait ???

15 mai 2002

— Comment va ta vie en ce moment ?

— L'avantage de sortir avec BB, ou d'être sortie avec lui... déjà fini ? C'est qu'au moins je sais d'avance que c'est une relation sans avenir. Je suis bien trop vieille pour lui qui est bien trop jeune pour moi. Lui, il a l'avenir devant lui. Moi aussi, tu me diras !!! Mais bon, c'est perdu d'avance !!! Suis-je maso ? J'ai encore cédé à l'attrait du plaisir pour le plaisir !!! Et voilà !!!

Tiens, je me fais un jeu de cartes... L'oracle... et ça dit : « Vous allez enfin connaître le véritable amour... soyez prêt, le choc sera au-delà de vos espérances »... Quel crédit puis-je y porter ???!!

16 mai 2002

Je suis un peu déçue. Je pensais avoir des nouvelles de BB. Mais non !! Tant pis !! Je ne dois pas oublier qu'il a « tiré un coup » !!

La chaleur subite me fatigue.

BB part à Paris une semaine. Bon, de toute façon, je pense que je suis déjà au régime !!

Je ne dois pas être à sa hauteur, non, je ne le suis pas, c'est évident !!! Un BB génie avec une vieille !! Quel couple ridicule !!! Bon, OK, tournons la page !! Même si, quelque part ce n'est pas un échec car la partie était perdue d'avance, suis-je maso finalement ? ça me fait quelque chose.

Je suis trop optimiste d'une manière générale, même dans les cas les plus désespérés !! Ça, ce n'est pas une grande preuve d'intelligence !!!

Mais il est vrai qu'il vaut mieux que cette relation cesse de suite… restons amis… avec quand même ce regret qu'il n'ait pas dix ans de plus ou que je n'aie pas dix ans de moins !!!

Comme dit Christophe, le beau gosse serveur, il ne faut garder que le meilleur, pour cela, il faut que la relation soit intense mais courte !!!

Le positif dans tout ça, c'est que je sais que je suis encore capable d'avoir le cœur tendre, ce cœur d'artichaut. Ces coups de cœur que je regrettais tant… et bien, oui, je peux encore !!! Formidable !!! Bon OK, je sais que j'aime bien les petits jeunes… peut-être pas trop jeunes non plus ??? Le truc qu'il faut que j'apprenne à gérer, c'est que, ce n'est pas parce que moi j'ai un coup de cœur que mon partenaire va en avoir un aussi. Je suis tellement optimiste que je crois en la réciprocité des émotions et des sentiments, c'est là que je me plante !!! Mais c'est à force de tomber que j'apprendrai à marcher !!!

JUIN 2002
Le mois des élections !!

<u>Dimanche 9 juin 2002</u>

Ce matin, je me suis levée relativement tôt. Je suis allée voter pour Zinz aussi. Puis l'après-midi je suis invitée chez Pete pour célébrer le retour de Rasta de Nouvelle-Calédonie où il a fait un séjour en tant qu'infirmier. Sympa ce Rasta… en plus qu'est-ce qu'il a de beaux yeux !!!

Bref, c'était une après-midi barbecue très sympa. Le soleil n'était pas au rendez-vous mais nous n'avons pas eu la pluie non plus !! Grande kermesse !! Fléchettes, cannes à pêche, karaoké, course en sac !!! Nous nous sommes amusés comme des gamins !! C'était super !!

Au moment où je suis partie un gars m'a dit qu'il me trouvait « canon » et un autre charmante. Ça fait plaisir, incontestablement !!! Et voilà, il est minuit, j'ai nourri mes fauves et je me mets au lit !!!

<u>17 juin 2002</u>

Mercredi dernier, je suis ressortie, non, j'ai couché avec un ex. Nuance !!

Pourquoi ? Bonne question ? Faiblesse de la chair !! Dommage.

Je rêve toujours de rencontrer un grand amour !!

JUILLET 2002
Des embrouilles…

1er juillet 2002

Je me suis engueulée avec Jean, le gérant de l'agence. Pour une broutille, mais c'est parti en sucette !!! Il me donne huit jours pour réfléchir si je veux rester ou partir… court comme délai !

Du coup, dans mon énervement et ma précipitation, je me suis blessée le poignet. J'ai fini aux urgences avec un arrêt de huit jours !!

5 juillet 2002

Ça fait longtemps que je n'avais pas eu de vague à l'âme. Un monde meurt, un autre est en fomentation prêt à éclore et à se construire, plus fort. Un homme meurt, un autre naît. Ainsi va la vie. Je ne suis qu'à moitié triste, juste déstabilisée. Je m'en vais consulter les cartes de Nicole. Que me disent-elles ? Que je vais signer un nouveau contrat à la rentrée, que j'ai eu un accrochage avec la hiérarchie, qu'il y a jalousie de la part d'une personne avec qui je travaille et le soutien des autres. En ce moment soucis financiers mais en 2003 tout sera OK. Il y a des avocats autour de moi. Il y a aussi beaucoup d'hommes, beaucoup de relations, je n'aurai aucune difficulté à trouver une autre agence. Un ex reprend contact avec moi et je l'envoie « bouler ». Ça doit être mon premier netchosien !!! Je vais faire deux voyages avec un homme dont un relativement loin. En amour, une relation sympa se profile. Au niveau santé, nouveau traitement et tout est OK. Ça aussi, c'est fait j'ai eu un traitement et je vais passer des examens pour en connaître les bienfaits.

11 juillet 2002

Je suis dégoûtée. J'ai arrêté de fumer samedi à minuit. On est jeudi, j'ai pris trois kilos !!! C'est fort quand même !! J'espère que ça va cesser sinon je vais devenir obèse !! Il va falloir que je maigrisse vite vite sinon ça va tellement m'énerver que je serais bien capable de reprendre la cigarette !!! Le pire est que je ne compense pas par la nourriture !!! Il est vrai que j'ai eu peu d'activités ces derniers temps !!!

14 juillet 2002

Hier soir nous sommes allés au bal des pompiers avec les netclubiens. D'abord, nous avons fait un apéro dînatoire chez Mapie. Elle avait fait venir un copain pompier, Albert. Zinz a eu un coup de cœur pour un jeune pompier de vingt-trois ans, Thierry.

Nous avons fait une bonne bringue et je suis sortie avec ce fameux Albert. Oh rien de transcendant !! Simplement il a trente-cinq ans !!! Ça m'intimide !!! Nous passons deux jours ensemble. Restau, ciné, tarot… bref sympa… C'est tout !!

15 juillet 2002

Ce lundi soir, Albert m'a téléphoné. Il souhaite me voir. OK !!! Qu'il passe chez moi !!!

La raison de sa visite. Il est amoureux d'une nana, une certaine Sandrine… samedi soir avant le bal, ils se sont vus. Lui a dit qu'il était prêt à l'attendre, elle lui a répondu : « Ne m'attends pas, je ne suis pas prête » ! Par conséquent, comme il m'a trouvée séduisante et qu'il a pensé que je collectionnais les aventures… Je lui ai donc semblé « légère », il n'a pas hésité à flirter avec moi. Mais voilà… cette demoiselle repointe le bout de son nez !! Ça y est !! Elle est prête !!! Et lui se précipite !!!

Je me prends une bonne claque dans la figure !!! Oh non, je suis loin d'être amoureuse !! Mais je suis humiliée !!! Frustrée !!! Comme quoi, pour une fois que je sors avec un mec de mon âge, ça ne me vaut rien !!! Dégoûtée, je m'en vais à l'Atlantic café, la cloppe au bec pour boire un coup... Je passe quelques coups de téléphone... personne n'est disponible !!! Je téléphone alors à BB. qui arrive illico à mon secours. À vingt-deux heures trente, j'ai déjà bien assez bu... BB me ramène chez lui... Il me console... et nous ressortons ensemble !!! Le meilleur moyen d'oublier une déception avec un homme est dans les bras d'un autre ??!!! Je crois ou je veux bien me souvenir qu'il m'a dit que si j'avais dix ans de moins je pourrais être sa petite amie !!! Bref, le lendemain, je le remercie. Il me répond qu'il n'y a pas de quoi, bien au contraire, ça lui a permis de me revoir avant de partir en vacances et il en est ravi. Vrai ou pas, ça n'a aucune importance finalement !!! J'ai la gueule de bois et je ne me sens pas au mieux de ma forme !!! Bien fait pour moi !!! Mais de quoi ai-je donc voulu me punir ?

Heureusement, je pars à Fréjus lundi prochain et ça va me faire du bien !!!!

Fin juillet 2002... le réconfort !!!

Séjour à Fréjus avec maman, mon frère Christian, Brigitte, mon petit chéri Alexandre et Mélodie ma nièce... Super !!! La détente !!! Bien évidemment je ne fume pas un cloppe !!! Ça me fait grand bien !! Plage, piscine, soleil, marchés, les bonnes glaces d'Angelo, les parties de cartes !!! Chris et Brigitte nous apprennent à jouer au tarot !!! Super !! Avec Chris, nous faisons un truc génial au Luna Park... Un saut de « sky rider »... Harnachés à plat ventre, accrochés à un filin, nous sautons de soixante-dix mètres de haut environ, pour finir en pendule... Trois secondes de chute libre !!!! C'est extraordinaire !!! J'ai adoré !!! Nous nous régalons !!! Ça, c'est la vie plein pot, pleine d'émotions fortes !!!

AOÛT 2002
Des vacances agitées…

1er août 2002

Je suis revenue de Fréjus… je me suis déconnectée du quotidien pendant 9 jours!!!! Comme ça fait du bien!!! J'ai un peu le blues en rentrant… chaque année à cette époque, j'ai un peu le blues… ça passera!!!!

3 août 2002

Je rentre de boîte de la nuit!!!

Cet après-midi j'ai signé mon nouveau contrat de mandataire avec une nouvelle agence qui me commissionne à 55 % au lieu de 37 %!!! Juste avant mon rendez-vous, BB m'a téléphoné… Il était à Paris, de retour de Djerba… Il souhaitait avoir de mes nouvelles!!! Ça m'a touchée!! Coulée!! Ça m'a fait très plaisir et il m'a presque manqué… j'aurais envie qu'il soit là pour que je me blottisse dans ses bras protecteurs. Mon BB d'amour… je l'aime… je ne pense pas être « amoureuse » au sens propre du terme, je l'aime… comme un petit frère… point. C'est. Et apparemment, je compte un peu pour lui.

Des potes netclubiens se sont également dévoilés aujourd'hui et m'ont fait comprendre qu'ils m'aimaient et que je comptais pour eux.

Lundi 5 août 2002

Ma vie suit son cours. Un peu agitée de fêtes, de bringues, de vacances!!!! Il me tarde d'être aimée… d'avoir un amant qui me brûle de passion, qui donne un peu plus de sens à ma vie… je ne sais pas vivre sans flamme, car alors, je me sens vide. Mais je ne suis pas vide. J'ai tant de témoignages d'amour… ça me réchauffe le cœur !!!

Mardi 6 août 2002

Plus je rencontre des gens, plus le temps passe plus j'aime bien BB. Je crois que je pourrais « grandir » à son contact… mais il n'est pas pour moi, ce petit BB génie !!!! Parce que justement, c'est un génie !!! Et en plus un jeune génie !!!!

Mercredi 7 août 2002

Ce n'est pas forcément top de retourner à l'agence durant mes congés… qui du coup, avec tous ces changements, ma démission, mon arrivée ailleurs, ont été un peu stressants !!! Mais ce n'est pas grave !! C'est pour la bonne cause !!!

Ce soir, tarot chez Carine !!! Et j'espère bien aller écouter un concert gratuit au jardin des Chartreux demain !! Carine va nous présenter un copain très mignon selon elle et très sympa ! Nous n'avons pas les mêmes goûts !!! Ce n'est pas grave !!!

J'ai hâte que BB revienne du Portugal. J'ai très envie de le revoir… Ce n'est pas qu'il me manque mais presque !!!! Depuis lui, je suis sage !!! J'ai envie de l'écouter me raconter des histoires… ce qu'il a fait durant ces vacances…, etc.

Vendredi 9 août 2002

J'écoute Florent PAGNY et je pense à BB. quand il chante « bienvenue chez moi ».

Hier, j'ai reçu mes résultats d'examens gynécologiques… tout est normal !!! Il n'y a plus rien !!!! Je suis guérie !!!! Génial !!!

Ce soir, je vais avec Zinz chez une copine puis ensuite karaoké… à suivre… je suis bien contente !

13 août 2002

Je regrette beaucoup que la vie ne m'ait pas dotée de meilleurs atouts… à savoir l'équilibre, la sérénité… Au lieu de ça, je suis déséquilibrée, je bois et je fume !!!! Pas de bol !!! À moi de trouver les remèdes !!! Les solutions sont toutes au fond de moi !!! À moi de trouver les bonnes clés !!!

14 août 2002

BB me téléphone avant midi !!!! Il fait un arrêt sur Lyon ce soir avant de repartir à Nice… je l'invite à la maison !!!! Il me téléphone ce soir vers dix-huit heures en arrivant.

Dix-huit heures, mon portable sonne… tient… le numéro affiché n'est pas de celui de BB… mais c'est bien lui… il a oublié son portable à Paris… heureusement qu'il avait mon numéro ailleurs ! Il passe dans une heure ou deux. OK !!!

Il arrive… il m'embrasse… Hum… Nous prenons l'apéro… Je lui demande… ses vacances ??? Il m'a rapporté un cadeau de Djerba !!!! Ça alors !!! Une croix Touareg !!! Je suis très touchée… coulée !!! Décidément, il a le don !!! Je passe une soirée des plus agréables… oui !!! J'l'adore !!! C'est mon amour mon trésor !!!! Quel BB d'amour !!!!

15 août 2002

Aujourd'hui, c'est la fête à Ranchal !!! Je vais chercher Zinz et Mémé et c'est parti !!! Il fait beau !!! Barbecue !!! Génial !! Je retrouve les miens !!! Maman, Philippe, Alexandre mon petit chéri d'amour, et ma petite-nièce Mélodie !!! À notre arrivée, les enfants trépignent de joie !!! Et lors du départ, ils ne veulent plus qu'on parte !! Mélodie s'accroche même à mon cou !!!! Comme ça me touche !!!

Maman a immédiatement remarqué la croix que je porte autour du cou !!! « Oh c'est joli ça dit donc !!! » d'un air de me dire… « tu as encore fait des frais !!,» clin d'œil !!! « oui, on me l'a offerte ! » « hum !!! Bon goût !!! » « N'est-ce pas ??!!»

20 août 2002

Je suis rentrée hier soir d'un week-end prolongé à Port Cros. En fait c'est Albert, le copain pompier de Mapie qui m'avait proposé de me joindre à lui. Enfin à eux… puisqu'il devait y avoir également sa nana… Oui, je sais, j'aurais pu dire un ex… mais non… aujourd'hui non, car je ne veux pas avoir connaissance de tels individus !!!! Il est un goujat !!! Et c'est peu de le dire !!!

Ça a commencé avec l'incertitude de mon départ jusqu'à la veille, vingt-deux heures trente !!! Puis sur l'heure de départ !!!! Il ne savait pas, soi-disant à quelle heure nous partirions… il me téléphonerait demain matin à neuf heures !!! Je me suis donc tenue prête pour neuf heures… finalement le départ n'a eu lieu que deux heures plus tard !!! J'aurais pu dormir un petit peu plus… Bref… Sur la route, nous retrouvons un de ses copains Patrick qui vient lui aussi avec son bateau… Nous arrivons à La Londe… au camping… nous nous installons en attendant le reste de la troupe… un club de pneumatiques… personne ne connaît personne… Bref… nous faisons connaissance… Le lendemain départ à neuf heures pour une journée bateau !!! Génial !! Je m'en réjouis !!! Le bateau, c'est super !!! Ça secoue ! Mais sentir le vent, voir cette eau magnifique et transparente, le décor est paradisiaque ! Finalement, je ne vais passer qu'une demi-journée sur le bateau de ce goujat !!! Jusqu'à ce que je m'aperçoive que je ne lui sers que de contrepoids… en effet, il m'a fait m'installer à l'avant… là où ça tape le plus… mal au dos, au ventre, aux fesses… et il s'en donne à cœur joie dans les vagues !!! Quelque part, au risque de ma santé !!!! Il a son contre poids !!!! Quand il se trahit, et que je me sens « fracassée », je change vite de bateau… Heureusement les personnes présentes sont très sympathiques !!!

Moi qui pensais être en sécurité avec un pompier !!! En fait, je suis avec un goujat qui ne pense qu'à sa pomme et me prend pour une conne !!!! Autre chose… en bateau, le soleil avec la réverbération est traître… je m'en doutais un peu, j'avais une crème solaire indice de protection vingt-cinq et je croyais ma peau préparée par mon séjour à Fréjus… lui qui pratique souvent le bateau, et moi pour la première fois, s'il avait été un tantinet prévoyant, il m'aurait conseillée d'utiliser une crème écran total… histoire d'être bien protégée du soleil… et bien non… même pas ! Quelle efficacité ce pompier !!!! Et la prévention ???

Mais là où j'ai vraiment compris que je n'étais là que pour servir ses intérêts, c'est au moment des comptes… l'essence du bateau… Il pensait additionner l'essence de son bateau et de celui de Patrick et partager en trois ! Alors que je n'ai pas mis les pieds sur le bateau de Patrick plus de dix minutes, le temps de visiter une grotte ! Mais et quand bien même ! Heureusement, Patrick a catégoriquement refusé, arguant qu'il avait utilisé seul son bateau… et fort heureusement car je me serais vraiment fâchée ! Enfin, j'ai quand même réglé la moitié de la consommation d'essence d'un bateau sur lequel je n'ai passé qu'une demi-journée… soit environ 30 euros !!!! Fort quand même !!! Faut-il également que je paye la moitié de la consommation d'essence de tous les bateaux sur lesquels j'ai posé mes fesses ? Il me semblait normal de participer aux frais… participer… oui… mais là, c'est abusé !!!! Je trouve cette attitude des plus incorrectes !!!! Comme goujat, il me semble difficile de faire pire !!!!

Voilà donc encore un individu que je raye de mes listes !

21 août 2002

Il arrive que je trébuche plusieurs fois sur la même marche… Je comprends vite mais il faut m'expliquer longtemps !!!! Jusqu'à ce qu'il y ait un déclic !

Tant que je ne m'aimerais pas assez, le cercle infernal de la cigarette et de l'alcool ne cessera pas…

À chaque relation, on dirait que je recherche ma « dose » en fait… ma dose d'affection, d'amour, de plaisirs…

C'est comme si, lorsque je suis en manque de cette dose… je me tournais vers l'alcool et le tabac pour compenser… pour me remplir !!!!

Aujourd'hui, j'ai rendez-vous avec Jean, le gérant de mon ancienne agence. Il me doit pour neuf mille cinquante euros… qu'il refuse de me régler !!!! Fort de café là aussi non ???

Je pense qu'à ce jeu-là, il ne gagnera pas… Je ne devrais rencontrer aucune difficulté pour recueillir tous les témoignages dont j'aurai besoin, dans le cadre d'un contentieux, pour prouver qu'il me doit bien ce montant d'honoraires… que ce soit en externe ou en interne… puisque Pete me rejoint dans la nouvelle agence, et que JC aimerait bien aussi… Ils témoigneront tous les deux en ma faveur concernant les règles internes à l'agence. Avec le départ de tous ces conseillers et la rumeur qui risque de courir s'il me met des bâtons dans les roues il n'est pas prêt de recruter ! Il n'aura plus qu'à mettre la clé sous la porte ! Et puis, comme dit Pete, il y a des moyens légaux pour se faire payer, mais il en existe d'autres pour récupérer ce qu'il me doit ! S'il veut ma peau, il ne gagnera pas !!!! Ma peau n'est pas à prendre ! Et je suis une guerrière ! Je me battrai bec et ongles pour mon dû !

22 août 2002

Quand même, je n'ai pas le moral ! Pourquoi faut-il toujours que je me batte pour tout ?

Jean veut me rouler de 2 500 euros !!! Et voilà !! Même pour 2 500 euros il faut que je me batte ! Pour lui financièrement parlant ça n'est rien, mais pour moi, c'est quand même un mois de revenus !!! C'est injuste, mesquin et petit ! Minable !! Et c'est ce que je vais lui dire !

Il va falloir que je me motive pour attaquer. Car pour l'instant… je ne suis pas au plus haut de ma forme !!

Je suis seule et sans objectif… une maison pour mes chats ? Le temps que je puisse l'acquérir, ils ne seront plus là !!

Je suis fatiguée !!

Pourquoi aller chercher au plus profond de moi de l'énergie pour vivre et me battre ? Pour quoi ? Pour qui ? Pour quelle cause encore ?

Au moins je constate que je peux souffrir et pleurer et faire sortir cette douleur sans boire !!! C'est au moins un point positif !!

Sonia m'a téléphoné. Elle est à nouveau célibataire. Fred part dans le sud. Il veut bien continuer de la voir mais en recommençant tout depuis le début !! Donc sans se toucher !!! Il est en pleine crise mystique !!

Non mais il faut cesser de nous prendre pour des connes !!! Il aurait quand même pu y penser avant ? Il a « harcelé » Sonia pendant des semaines, voire des mois, avant qu'elle accepte de sortir avec lui et là, comme ça, au bout de trois ou quatre semaines, il ne sait plus où il en est ? Il se réveille « illuminé » ?

Pourquoi me suis-je battue jusqu'à ce jour ?

Pour faire plaisir à ma famille ? Pour ne pas les décevoir ? Pour ne pas les blesser ?

Je ne sais plus… sans doute que ce n'est pas la seule raison… Je dois avoir un tempérament de « guerrière » !! Parce que je dois avoir cette force de vie tout au fond de moi qui ne me lâche pas. La « foi » en la vie. Mais le temps passant, je m'épuise. Je me lasse.

Penser à BB me réjouit et me peine.

Mon BB et mon protecteur à la fois ! Comme c'est contradictoire !! Tant d'amour et une relation non viable… impossible…

Parfois je me demande bien pourquoi je vis ? Et moi et moi et moi ? Qu'est-ce que je souhaite ? Qu'est-ce que je veux tout au fond de moi ? Pourquoi est-ce que je n'arrive pas à vivre pour moi et rien que pour moi, avec des objectifs qui me soient propres ?

Je ne suis pas forcément mal dans mes baskets mais ça me gêne d'avancer sans but et sans objectif à atteindre.

27 août 2002

BB je n'ai plus de tes nouvelles depuis le 14. Normal n'est-ce pas ? Néanmoins je me demande « t'ai-je déçu » ? Lors de notre dernière entrevue ? Je ne sais pas... Auras-tu encore envie de me voir ? Seras-tu encore bien avec moi ? Pourrais-je remonter le temps ?

L'amour représente la réalité et est différent de l'apparence. On ne choisit pas son physique alors qu'on choisit son vêtement, c'est-à-dire son apparence.

BB... Tu me manques et en même temps je n'en suis pas convaincue. Cet amour que je te porte me remplit quelque part, me suffit. Mais sans aucun doute me reste-t-il un vide à combler... sinon, je ne me poserais pas cette question... Tu me manques... tu ne me manques pas... Quelque chose me manque incontestablement mais quoi ?

28 août 2002

J'ai encore beaucoup trop bu et fumé...

Sans doute je ne mérite pas d'être là... dans ce corps et dans cette vie... et d'avoir cette famille ces chats et ces amis qui m'aiment et m'entourent... Sans aucun doute petite fille gâtée, je n'ai aucun droit d'être mal dans ma peau... et pourtant... pourtant...

Je suis mal, j'ai mal... de quoi ? si je le savais... j'irais sans aucun doute bien mieux...

Je ne crois même plus que ce soit le simple fait d'être célibataire... Pourquoi ai-je besoin d'exister à travers les autres ? Et si tel est le cas... si je ne suis plus là... J'existerais toujours à travers eux... Donc mon existence matérielle n'a aucune valeur finalement ??

29 août 2002

OK, j'oublie BB. Et je me sens toujours seule. Pas cool. Je ne voudrais que rencontrer l'amour ! BB = pas pour moi et je le sais depuis le départ.

30 août 2002

Je ne crois même plus en ce que je dis… « On ressort plus forts des épreuves. » Même pas vrai… J'en ressors de plus en plus fragile et faible et déprimée… « ça va… ça va aller… » même ça je n'y crois plus…

Je compte sur une activité professionnelle débordante pour bien m'occuper l'esprit et donc ne plus cogiter et du coup retrouver le moral…

J'ai envoyé deux mails à BB auxquels il ne daigne pas répondre. Je lui ai alors envoyé un SMS lui demandant… « tu me boudes ? » Il m'a téléphoné dans les trois secondes qui ont suivi… Il a bien eu mes mails… mais il a eu la flemme de répondre !!! Et puis il préférait soi-disant me parler !!!

Sur ma remarque quant à la rapidité de son appel suite à mon SMS il a rétorqué : « mais tu insistes. »

OK, je n'insisterai plus à l'avenir… tiens-le toi pour dit… Bref il est à Paris il rentre le 4 et il me téléphonera pour qu'on se revoit bientôt ? OK pas de problème !!!

Enfin… sinon et c'est bien finalement le plus important, les choses se sont débloquées pour lui et il va pouvoir faire sa thèse sur Lyon… au moins une bonne nouvelle !!!

Voilà… Son appel ne m'a pas remonté le moral… Je l'ai trouvé froid et distant. Décidément que les hommes sont compliqués !!! Plus que je ne pouvais l'imaginer !!!

Je ne comprends rien à eux…

Lors de notre dernier rendez-vous j'ai cru comprendre qu'il m'était un peu attachée… J'ai cru, il ne fallait pas croire !!! Comme je suis déçue… Je ne dois lui servir qu'à « tirer un coup » de temps en temps !!? Je suis trop sentimentale et ça me déçoit.

Peut-être aussi que je me raccroche à lui comme à une bouée car ma solitude affective, ce vide d'amour me pèse.

J'ai voulu faire abstraction de trop de critères et aujourd'hui. Je paye. Ce n'est pas une relation qui me convient. J'ai besoin de rencontrer un homme. Un grand homme… « *A miracle of love… will take away your pain* »… Mais ce miracle n'est pas… D'ailleurs les miracles… Ça n'existe pas !!! Il y en a eu… Mais… Il ne faut pas compter dessus !!! Pourtant ça me ferait grand bien… Voilà donc… retour à la case départ !!! OK je ne m'en étais guère éloignée !!!

Je n'en veux à personne… qu'à moi… d'avoir voulu croire… de toujours vouloir croire… c'est sans doute pour cela qu'à chaque déception j'éprouve le besoin de me punir… je me saoule…

Je ne dis pas qu'entre BB et moi ce soit fini à tout jamais ! non ! Puisque je n'en sais rien !! Je suis dans le doute !!! Ce que je déteste.

Il me faut donc prendre mes distances. Le considérer comme « la cerise sur le gâteau », ni plus, ni moins. Mon petit plaisir ponctuel, un BB d'amour. Et voilou ;

Et je vais me mettre au boulot très sérieusement pour faire plein d'affaires et me renflouer et ensuite gagner beaucoup d'argent. Je me sens minable, inculte, sotte… Ma vie ne me plaît pas telle qu'elle est… Il ne tient qu'à moi qu'elle change !!

Je vais gagner beaucoup d'argent, investir dans l'immobilier et autres… vivre de mes rentes et suivre des études… pour le plaisir !!! Faire tout ce que je n'ai pas pu ou voulu faire auparavant ! Et je vais réussir brillamment !! Et avec une facilité déconcertante pour tous !!! Et ça va le faire !

31 août 2002

BB d'un autre côté, finalement, je me dis que tu dois bien être comme tout le monde non ? Quoi que… toi, soi-disant ensorcelé… pour me raconter une belle histoire ? Tu ne réponds même pas à mes mails !!! Je ne te manque même pas un petit peu ? Juste pour que tu daignes me répondre ? Finalement donc, je ne compte pas plus que ça pour toi !!!

Ça ne m'étonne qu'à moitié !! Ai-je déjà compté pour un homme ? Oui pour mon grand-père !! Mais il n'est plus là !! Mais ce que je veux dire c'est amoureusement parlant !!! Ah zut !! Et voilà que je me dévalorise à nouveau !!!!

SEPTEMBRE 2002
Faire son deuil…

5 septembre 2002

Hier soir vers 23 h 30, BB m'a téléphoné sur mon portable… je sortais de chez Zinz… Il est rentré depuis 32 heures exactement !!! Nous papotons un moment et au moment de nous dire au revoir, il m'envoie une grosse bise… J'attrape la perche au vol : « tu ne veux pas me la faire pour de vrai ??? »… Hésitation, il était en train de bosser… « Mais parce que tu es où ? »… « Entre chez Zinz et chez moi !!! »… « OK alors, je t'attends en bas !!! »… Et me voilà partie… BB m'offre un punch à l'Atlantic… nous discutons… Hum… J'adore quand il me regarde tout au fond des yeux ! Nous ressortons ensemble… Il est, dit-il très content de me voir… Premier message… Le deuxième étant qu'il refuse que ce soit lui uniquement qui décide des moments où nous nous voyons… Une relation, c'est deux individus qui décident… Là, il a tout à fait raison… mais je n'ai pas eu l'impression que notre simili relation, si c'en est une, doive changer… c'est l'improvisation de dernière minute qui est agréable… Et voilà… Moi qui pensais me coucher vers minuit… raté… Ce fut 3 h 30 au moins… Mais qu'est-ce que c'est agréable !!!!

6 septembre 2002

Finalement, même quand tu as envie de vivre dans le partage, qui paraît pourtant simple, ça n'est pas si facile !!! Car on ne partage pas forcément le même verbe, les mêmes folies, les mêmes envies, les mêmes aspirations… qui devraient être UNE : le bonheur… mais le bonheur ne veut pas dire la même chose pour tous…

9 septembre 2002

Je viens de finir de lire deux livres qui m'ont beaucoup plu. L'un de Paulo Coelho, *Véronika décide de mourir*, l'autre de Marie de Hennezel, *La mort intime*. Non, la mort ne doit pas être un tabou, et ces deux livres le crient haut et fort et le démontrent même... Vivre jusqu'au dernier moment... Je suis enchantée de ces lectures... et ma vie suit son cours.

11 septembre 2002

— Alors du nouveau ?

— Oh que oui !!!... Il faut même que je me remette de mes émotions... J'ai revu BB, il a été insupportable... OK, il a arrêté de fumer... mais qu'il recommence vite !!!!! Au final... Il m'aime bien mais c'est tout... je ne suis pas une petite copine... Juste un coup... Même pas une amie... Mais je suis son BB... parce qu'il a plein de choses à m'apprendre... Suis-je si conne que ça ???? Il veut que je le protège... Mais il ne veut pas me voir... L'arrêt du tabac lui aurait-il retourné le cerveau ??? Ou alors il a abusé de substances illicites ??!! En fait, il ne voulait pas que je dorme chez lui et le lendemain il n'était pas déçu que je sois restée... Ah... je suis quand même un bon coup ??? Au moins ça ??? Au bar, il m'avait proposé de prendre un abonnement de théâtre et qu'on aille danser sur une place dans le cadre de la Biennale de la danse... Et aujourd'hui il ne veut plus me voir... Bref, il m'a complètement désemparée et fait mal !!! Comme quoi, les mots, les gestes et les attitudes d'un homme, quel que soit son âge, ne veulent absolument rien dire !!! Rien du tout !!! Je n'étais que juste bonne pour tirer un coup et c'est tout... et je me sens humiliée et salie... Touchée, coulée... Je ne le pensais pas si malsain !!! Comment ai-je pu me tromper à ce point ??? Lui que j'avais cru différent n'est finalement qu'un homme comme un autre... avec un peu plus de choses dans la tête... Mon amour-propre en prend un coup, ça c'est sûr... Et sur ce coup, il m'agace !!!

12 septembre 2002

Ce soir, c'est MA soirée rien qu'à moi… toute seule chez moi…

À midi, j'ai déjeuné avec Fabien… c'est toujours un plaisir de le rencontrer… nous nous sommes aimés… nous étions sur la même longueur d'ondes… unis… par une force et réciprocité des sentiments… Jusqu'à ce jour, ce sont des moments uniques et précieux… Mais voilà… Il y avait un gros MAIS… il était et est toujours, d'ailleurs, marié… avec des enfants…

Aujourd'hui, il culpabilise de n'être pas heureux… et que je ne le sois pas non plus… J'ai beau lui dire qu'il ne faut pas, c'est la vie, c'est comme ça… et puis pourquoi gâcher ces beaux souvenirs de vaine culpabilité ?

Je commence un gros travail de deuil… J'en ai tellement à porter et à régler en ce moment que j'ai besoin de « me retrouver »…

Fabien… bien sûr que j'ai fait mon deuil depuis deux ans… mais il y a toujours ce sentiment d'injustice et d'impuissance… mais c'est et j'accepte.

Mon ancienne agence… je fais mon deuil en m'investissant bien dans la nouvelle. Mais les embrouilles avec Jean ne m'aident guère. Là encore… ressurgit ce sentiment d'injustice et d'impuissance. Et pourtant… mon but n'est pas de leur faire du mal… Pourtant, si j'ai recours à mon pote avocat… il leur en fera beaucoup… il faut que je trouve une solution amiable…

BB… je fais mon deuil… OK

Avec tout ça… qui me demande pourquoi je ne porte que des vêtements noirs ???

Voilà quelques raisons pour lesquelles j'ai mal en ce moment… c'est la vie… C'est ÇA la vie ??? Toujours se battre ??

Il me semble pourtant qu'elle pourrait être plus facile !!! Je le veux… elle le deviendra… juste parce que je le souhaite très fort. Alors, ces quelques larmes aujourd'hui… combien pèsent-elles face aux joies et aux rires de demain ?

13 septembre 2002

Peut-être suis-je trop optimiste ? Je veux bien toujours croire que tout est possible… que rien n'est impossible… qu'il n'y a pas de problème sans solution… et même si je me trompe… la terre continue de tourner… et moi je vis encore…

15 septembre 2002

Tiens… je suis allée au défilé de la biennale de la danse… c'était super !!! J'y ai traîné Zinz et Mam et Carine… elles étaient bien contentes !!! C'était entraînant, gai et plein de couleurs !!! Je suis enchantée !!!!

Sinon, pas de nouvelle de BB et c'est bien… car je fais mon deuil nickel chrome…

Hier soir avec les filles, nous sommes allées dans un pub dansant… Comme je me suis fait draguer !!!! pourtant j'étais vêtue normalement, pantalon, petit haut… même pas sexy !!!! J'en suis encore tout étonnée !!! Bref, ça fait plaisir mais ça ne m'intéresse pas… Sinon, j'ai quand même rencontré des gens sympas… voilou…

Si, comme dit si bien Florent Pagny, je ne sais plus « donner » ne suis-je bonne qu'à m'en aller ? Je ne sais plus apprendre à aimer, à donner… Je me sens vide quand il y a si peu de temps je me croyais remplie d'amour !!!

Vide de mes illusions, de mes grands rêves de tout… amour, justice, égalité des chances devant la vie, non ça n'existe pas. Je me sens vide de tout ce que j'ai donné avec mon cœur et mon âme…

20 septembre 2002

Voilà, ça fait longtemps que je n'ai plus de nouvelle d'aucun amant !!! et c'est tant mieux !!! J'ouvre les yeux !!! Je ne veux plus de relation qui ne mènent nulle part !!! J'ai envie d'aller de l'avant !!! Il me faut parfois trébucher plusieurs fois sur la même marche avant, non pas seulement de comprendre la leçon, mais de bien l'assimiler et agir en conséquence… Cette fois, il me semble avoir fait mienne cette leçon. Il en résulte un étrange sentiment de sérénité, de bien-être et donc de légèreté… C'est comme si j'avais jeté une vieille peau qui me collait un peu trop et m'empêchait d'avancer !!! Comme si j'avais coupé les chaînes d'un boulet… trop lourd à traîner… Vendredi dernier, je me suis fait courtiser par un jeunot tout mignon… et bien tu sais quoi ? Il ne m'intéresse pas du tout !!! Avant, l'ancien moi se serait engouffré dans cette relation facile et sans lendemain… Aujourd'hui, je l'écarte de mon chemin… et j'avoue que j'en suis heureuse. Ça ne m'empêche pas de m'amuser et flirter gentiment… mais c'est tout !!!!

— Et si BB revenait ?

— Je lui offrirai mon amitié… cet amour universel… il fait partie des grands hommes que j'ai eu l'opportunité de rencontrer…

22 septembre 2002

J'ai engueulé Zinz parce qu'elle ne voulait pas d'un p'tit gars bien… Mathieu… mais je m'en veux… « sur ce coup… je crois que j'y suis allée un peu fort… dit la gourde en pensant à la cruche » !!!

Je me fais l'impression d'une guitare qui, partie pour jouer une sérénade, pète une corde en route et se retrouve à hurler du hard rock !!!!

25 septembre 2002

J'aurais peur de perdre l'amitié de Mum's et ça me ferait hiech… Il semble que ce ne soit pas le cas et ça me réjouit… Je sais bien qu'on apprend à se passer de tout, même des gens qu'on aime… même si c'est un peu dur !!!!

Je crois que la première personne que j'aimais de façon tout à fait logique et normale dont j'ai dû me passer, a été mon géniteur… celui qui aurait dû être mon père… ensuite, il y a eu mon grand-père… le plus grand Homme de ma vie… et ensuite tous les gens que j'ai aimés avec qui j'ai avancé un bout de chemin avant d'arriver à la croisée où on se sépare…

Je n'ai été qu'un passe-temps pour BB. Ça me remet à ma place !!! Il me faut être humble et le rester.

Il ne sert à rien de se lamenter sur son sort… triste ou joyeux… et quelques larmes pour un peu de nostalgie et d'illusions déçues… ce n'est rien !!!! Je veux arriver au bout de ce journal… comme je veux aller au bout de mes pensées, de mes rêves, de mes désirs…

28 septembre 2002

Hier soir… pour l'apéro rencontre, Julianne a fait venir un ami à elle, Jean Philippe… Il a l'air sympa… très doux… calme… C'est agréable pour une zarzouila comme moi… Mais il m'a choquée… Interpellée devrais-je plutôt dire… Nous faisions connaissance… et il me dit qu'il a des enfants… « quelle chance ! » lui rétorquais-je… « pourquoi, tu veux que je t'en fasse, des enfants ? »… Alors là… Ça m'a soufflée… Et je n'ai même pas pu répondre… Ni sérieusement ni en plaisantant… mais dans ma tête, dans mon cœur, dans mon âme… Ça m'a fait quelque chose… Je l'ai regardé d'un autre œil… Mais c'est tout… C'est vrai que physiquement, il est assez agréable… et ce qu'il dégage l'est également… Mais voilà… Il m'a même offert un paquet de cloppes… Il n'a jamais accepté que je les lui paye… je l'ai remercié… par un mimi sur la joue… Bref nous avons passé une soirée sympa en finissant au champagne chez Bisounours !!!

Dimanche, emménagement de Mapie… Heureusement on est une bonne bande… et ça assure bien… On est efficace !!! Un seul indésirable !!! Sinon, nous mettons au point notre « foire aux célibataires » de samedi prochain… à Brullioles… Tintin va aller chercher les billets… Quelques coups de téléphone… J'appelle Julianne pour lui demander celui de son ami qu'elle nous a présenté vendredi… je lui en avais parlé, ça avait l'air de le brancher… et d'ailleurs… pourquoi pas le brancher avec Zinz ? Plus Mathieu et François… ça lui ferait une belle brochette à la ch'tite poulette !!

— Et toi non ???

— Oh là là !!! Je n'ai pas envie de me prendre la tête… Et puis laissons faire la vie… Place à l'imprévu !!!!

— Te revoilà donc repartie vers de nouvelles aventures ????

— Plus palpitantes que jamais j'espère !!!

— Finalement, la vie ferait-elle tout simplement une boucle ?? Serait-elle un éternel recommencement ?? Ne serait-elle qu'un cercle ??

— Sans doute !!! La vie est un éternel recommencement !!! On naît, on vit, on meurt… on naît, on vit… Pourquoi en serait-il autrement des événements personnels, intimes et marquants de notre vie ?? Pour ma part, je recommence chaque cycle à chaque fois plus forte, plus grande et plus pleine de vie… plus sage ??!!!! Riche de tout ce qui me fait avancer, progresser, encore et toujours… alors, à ce nouveau cycle de ma vie… à tout ce que j'attends de cette vie, à tout ce que j'aime, à tous ceux que j'aime et que j'aimerai… à hier, à ce jour… à demain… **à la vie !!!!!!!!!**

OCTOBRE 2002
Épilogue ?????
Arlequin contre Gnafron…

6 octobre 2002 plein de bonheur !!!

Et voilà… comment, samedi 5 octobre, on se retrouve chez Zinzin pour le départ à la fête, la « foire aux célibataires » !!!… avec Julianne… qui malheureusement ne vient pas… elle bosse demain… et Jean-Philippe, l'ami de Julianne…

On prend l'apéro et on se marre bien !!!! Juste que la soirée commence pas top !!! Jean-Philippe, alors que nous parlons du décolleté sexy de Zinz me sort que le mien, « d'un point de vue purement masculin », n'est pas assez profond !!! Génial pour te donner un peu confiance en toi avant de te jeter dans la fosse aux célibataires !!!! Bref, ce n'est pas grave !!!! Si ça ne lui plaît pas à lui, ça peut plaire à d'autres… et puis d'abord je m'en fiche puisque je sors pour m'éclater et même pas pour draguer !!!

Enfin… Nous décollons !!!!

En route sur le grand ruban !!! P'tite pause pipi !!! Et non !!! Le seul qui puisse décemment c'est Jean-Philippe… alors nous le laissons se soulager quand nous souffrons le martyre !!!! Encore de l'injustice !!!

D'ailleurs, j'ai bien failli partir sans lui !!! Tiens… prends ça pour mon décolleté pas assez profond !!! « P'tit con » dis-je à Zinzin… Il est gonflé quand même ce gars !!! Elle pense que j'ai un ticket avec lui… « ça m'étonnerait !!!! » « si si… Tu devrais essayer »… « non non… et puis je n'ai pas envie de me prendre la tête »… « C'est dommage. Vous iriez bien ensemble !!!!» C'est ça… cause toujours… Nous récupérons quand même JP et nous repartons !!!

Arrivée chez Tintin… Mapie est déjà là… il faisait beau, elle a passé l'après-midi…

Ce n'est pas le tout… Ce soir, on dort chez Tintin… faut donc que je monte mon auto dans ce chemin caillouteux en épingle à cheveux… et oui, c'est tout neuf et pas encore goudronné !!! Mais ce n'est pas un problème !!! Mais alors, par contre, ce Jean-Philippe, il me sous-estime vraiment !!! Il parie avec Zinz que je n'y arriverai pas… oh, ils m'ont l'air bien complice tous les deux… hé hé !!! Y aurait-il anguille sous roche ?? Bref, bien évidemment, il perd son pari… !!! Non mais !!! Pour qui me prend-il ? Et du coup, nous allons boire de la bière à l'œil de Jean-Philippe toute la soirée !!!! Ce n'est pas cool ????

Bref soirée sympa… Ça fait quand même bien « gens du pays »… M'enfin… Nous sommes en groupe… et conscients que nous ne sommes pas venus tout spécialement pour draguer mais bien pour nous amuser… ce que nous faisons avec beaucoup d'entrain… le spectacle est magnifique !!! Une superbe troupe de chanteurs, des jeux de scène époustoufifiants… bref… nickel !!!

La soirée se passe… se passe… se passe… nous dansons, rigolons, buvons… de la bonne bière que Jean-Philippe me sert copieusement et généreusement… pas des demis… non… plus que ça… des sérieux !!! Hé !!! Nous ne sommes pas des petits joueurs !!! et puis nous dormons sur place !!! et puis comme personne ne me courtise… je peux bien sentir la bière et le tabac, c'est même pas grave !!!!

La fête bat son plein… Je m'amuse comme une folle !!!

— Et alors, des touches ????

— Non… rien de spécial… hé hé… curieux !!!! En fait, quand même, je suis gonflée… parce que quand même… Jean-Philippe… et oui… !!! Il voulait que je cesse de le regarder avec ces yeux-là… Lesquels ? les miens !!!! Et comme par défi je n'ai pas cessé… il s'est jeté sur moi et… il m'a embrassée !!!! et oui !!!! Quelle surprise !!!! Et j'en suis néanmoins ravie !!!! Et depuis nous ne nous sommes plus quittés… nous nous aimons… pourquoi, comment ? Nous nous aimons, follement… point…

Bref nous avons fini la matinée chez Tintin… puis Mac Do… puis chez moi… sous la couette, exténués et ivres de bonheur…

Lundi 7 octobre 2002

Nous reprenons nos boulots respectifs… mais nous nous retrouvons bien vite car nous nous manquons… nous avons soif l'un de l'autre… Quel bonheur !!!! Je n'attendais plus rien et là, comme ça, comme par enchantement, la vie me donne tout ce bonheur !!!

11 h 10 SMS de JP à Zoé

Il y a des jours plus doux, plus forts et plus sereins que d'autres. Tu me manques, et ne sourit pas !! Merci p'tite pomme. Mille tendres baisers…

De Zoé à JP :

Quelle agréable pause que de te lire. Savourons donc ces journées-là et gardons en mémoire ces instants précieux en attendant de les renouveler. Merci à toi. 3 339 baisers.

16 h 15 de JP à Zoé

Il me tarde de m'emplir de ton odeur, ta peau, tes lèvres, ton regard, tes larmes. Je t'envoie quelques 1 599 baisers supplémentaires en attendant. Choupa

C'est agréable… même si ça sent la collection rose à plein nez !!!!

De Zoé à JP

Elle n'est pas belle la vie ? Je sors mon portable pour t'écrire combien tu me manques déjà et là, je constate que tu m'as devancée ! Comment ne pas perdre la tête ? Ça y est, je suis complètement droguée ! Plein de baisers accompagnés de tendres pensées. P'tite pomme.

8 octobre 2002 :

De Zoé à JP

Bonne journée et des baisers par milliers rien que pour toi qui me donnes tout ce bonheur. P'tite pomme.

09 h 40 : de JP à Zoé

Toutes mes pensées pour p'tite pomme adorable. Que ces moments soient pâles à côté de ceux qui sont à venir. Mille tendres baisers à toi. Merci. Love. Choupa.

14 h 38 de JP à Zoé

Tu me manques…

Je suis heureuse… je me sens bien… un peu fatiguée certes, mais bien. Remplie de bonheur et d'amour… C'est merveilleux !!! Un vrai conte de fée !!! Et si tout devait cesser demain, tant pis… ces moments précieux resteront gravés à tout jamais, car depuis lui, je sais qu'aucune autre histoire ne sera.

Tout a été très vite ces jours derniers. Cette foire aux célibataires à Brullioles… Jean-Philippe, Jean-Philippe et encore Jean-Philippe… un peu de boulot entre-temps… et rien d'autre… Il n'y a que nous depuis trois jours… et la fatigue aidant, c'est encore pire… il occupe toutes mes pensées et moi les siennes… Mais c'est si bon… d'aimer et de se sentir aimée !!! C'est tellement merveilleux !!! J'ai enfin droit à ma part de bonheur !!! Je m'en enivre, je m'en délecte…

9 octobre 2002 :

12 h 35 de JP à Zoé

Toutes mes pensées pour toi mon cœur. Je suis avec toi où que tu sois. Tout mon corps te réclame, il hurle ton nom sans cesse. Tu envahis tout en moi. Love. Choupa.

Bon, j'avoue que cette expression « mon cœur » ne me convient qu'à moitié… oui, je suis chieuse… je sais… mais bon, Julianne et lui s'appellent déjà comme ça !!! Je ne veux pas piquer les petits mots doux des copines !!! Ça sent l'usagé !!!

De Zoé à JP : C'est terrible… tu me manques déjà cruellement. Je t'embrasse très fort. P'tite pomme.

18 h 37 de JP à Zoé

Où es-tu ? Choupa recherche sa douce moitié presque inconnue mais déjà indispensable à son bien-être physique et mental. Que faire ? Love et relove. 3 618 baisers.

Le 12 octobre 2002

Le comble du bonheur !!!!

Ce matin, de bonne heure, au Solarium, un pub boite, Jean-Philippe m'a demandé de l'épouser… Non, ce n'est pas une blague !!!! Je lui ai bien fait répéter plusieurs fois !!!!! J'avais bien compris !!! Je lui ai bien demandé s'il était fou, s'il avait abusé de boissons !!!! Mais oui… c'est bien vrai !!! Incroyable mais vrai !!!! Et vous savez quoi ????? J'ai répondu… OUI !!!!!!

Je sais que ça peut paraître rapide… néanmoins, je l'aime sans mais…, il m'aime sans mais…, et nous nous convenons… Voilà, tout simplement… À quoi bon nier l'évidence… je suis la femme de sa vie et il est l'homme de ma vie… C'est vrai quoi !! Il est tellement attentionné, aimant et tendre !!! Nous avons plein de points communs… Nous aimons rire et nous amuser, sans occulter l'autre. Il est galant… qualité de plus en plus rare !!! Nous avons les mêmes rêves… le même projet de vie… nous aimer, avoir des enfants et une grande maison. La maison de ses rêves, celle qu'il me décrit… est exactement celle dont j'ai dessiné les plans !!!! Génial non ??? La vie me donne un merveilleux cadeau en m'ayant permis de rencontrer Jean-Philippe… pour la remercier, je n'ai qu'à prendre soin de cet homme que j'aime tant et dont je ne veux ni ne peux plus me passer. Tout ce bonheur !!!! Quel beau cadeau d'anniversaire !!!

Il m'a avoué qu'il avait quand même un peu peur de me demander en mariage. Quand il m'a rencontrée, il a confié à Julianne qu'à son avis, j'étais le genre de femme à « lui en faire baver »... Aujourd'hui, ses craintes sont balayées...

9 h 33 : de JP à Zoé

Il est neuf heures trente et je te demande encore de partager avec moi ce qu'il y a de mieux en nous. Laisse-moi devenir ton mari et construisons tous deux. L'amour est en nous.

11 h 23 de JP à Zoé

D'intimes convictions en évidences, je te donne tout de moi. Prends en le plus grand soin, c'est précieux pour nous mon amour. Amour encore et toujours !

De Zoé à JP

Tu occupes toutes mes pensées... et tu sais quoi ? Chut !!! Je t'aime... Plein de baisers d'amour pour l'homme de ma nouvelle vie pleine de bonheur.

13 octobre 2002

Ce soir, soudain, j'ai peur... Peur de rêver... et qu'on me réveille soudain... peur que Jean-Philippe change d'avis et que demain il se réveille en réalisant qu'il s'est fourvoyé, emballé et que finalement il ne m'aime pas... surtout qu'on ne me pince pas !!! je rêve un songe merveilleux !!! Tous ces messages à l'eau de rose sur mon portable... (même s'ils sont plein de fautes... je ne cesse de lui dire qu'il devrait utiliser l'écriture intuitive pour rédiger ses messages... ça corrige les fautes !!!) c'est presque trop !!!

Nous avons même convenu de la date de notre mariage… Ce sera le 10 mai 2003 !!! À Ranchal… À la Mairie uniquement… puisque je ne crois plus en Dieu et qu'il est divorcé…

C'est ce qu'il y a de mieux !!! Et il va même trouver une quatre-chevaux verte, comme celle de mon pépé !!! Quelle délicate attention !!! Je nage en plein bonheur… Vite, vite, il me faut l'annoncer à tout le monde !!! Je suis tellement folle de joie que je voudrais que tous partagent mon bonheur !!!! Notre bonheur !!!! D'abord, nous allons l'annoncer à nos témoins… Julianne et Zinz… Nous irons à la Houblonnerie se faire des moules frites pour leur apprendre la bonne nouvelle, et leur demander si elles acceptent d'être nos témoins !!!! Quand même !!!!

Cette soirée se déroule d'ailleurs pas trop mal… juste que Julianne ne nous rejoint que pour le dessert… elle s'entraîne à sa salle de sport !!!! et que les serveurs sont un tantinet pressé !!!

15 octobre 2002 :

19h26 : de JP à Zoé

Toutes mes pensées et mon amour pour toi. Tu me manques à la folie. Je t'aime.

15h33 : de JP à Zoé

Coucou mon amour. Je t'aime un peu, beaucoup, à la folie. 2685 tendres baisers pour toi. À très vite. Je t'aime de tout mon cœur.

19 octobre 2002 Les roses ont des épines !!!!

Petit apéro dînatoire à la maison ce soir… Il y aura Thomas, le frère de Jean Philippe, Jacques, son ami et Mapie. Zinzin passera plus tard car elle est déjà prise, elle va à un match de foot. Nous faisons les courses. Jean Philippe décide de nous concocter un « petit bleu » un cocktail à base de champagne, curaçao bleu, vodka et jus de citron. Le truc qui te saoule en moins de temps qu'il ne faut pour le dire. Et nous sommes bien gais tous… Quelle partie de rigolade !!!!

Cette soirée se déroule à merveille !!! Mais voilà… À un moment ça dérape…

J'entends : « Regarde-moi cette conne que je vais épouser » et là… Ce n'est pas possible, j'ai du mal entendre ??? Cette phrase me fait l'effet d'un coup de poing dans l'estomac… Je dégrise d'un coup… Je suis interloquée, choquée… sans voix… Ha… la nausée… Et je cours au WC régurgiter tout ce que j'ai avalé… La contrariété me fait toujours cet effet-là… Je suis profondément blessée, salie… Là-dessus Zinz arrive… et malheureusement, elle me trouve en larmes et dans un sale état… Elle prend connaissance de ce qui s'est passé… Elle est un peu beaucoup choquée, elle aussi… Elle considère cette injure comme une plaisanterie de bien mauvais goût… Je demande à Jean Philippe de partir alors que je ne souhaite qu'une chose, qu'il s'excuse mille et une fois, me demande pardon et me prenne dans ses bras… Mais il part pour faire la bringue avec Jacques et son frère !!! C'est Zinz qui, cette fois carrément choquée, lui demande s'il compte me laisser seule dans cet état… Alors il remonte… Je suis en larmes, toujours… blessée… C'est un cauchemar, je vais me réveiller, ça n'est pas possible, il ne parlait pas de moi en ces termes !!! Non… Je vais me réveiller… Jean Philippe fait tout pour me consoler… Pour lui, ça ne veut rien dire, ce n'est pas grave… Mais si, c'est grave !!! Tu te rends compte, traiter sa future épouse de conne !!! ?? Mais non, c'est un mot qui ne veut absolument rien dire… c'est même presque affectueux !!!… Voilà, pour lui ça ne veut rien dire, il ne comprend pas du tout ma réaction et renie complètement mes émotions et mes sentiments… Je me sens humiliée mais je le pardonne… mais je n'oublie pas… Ça m'a fait mal…

21 octobre 2002 :

16 h 28 de JP à Zoé

Comme un ange tu es apparue dans ma vie. Pourquoi a-t-il fallu que cela change ? Pourtant, une chose ne changera pas, c'est l'amour que j'ai pour toi. Pardonne-moi.

De Zoé à JP : comment ça, je ne suis plus ton ange ?

17 h 06 de JP à Zoé

C'est les choses. Pas le fait que tu sois mon ange !! Cela ne changera jamais. Tu es la femme de ma vie ! Je le sais. Je t'aime un point c'est tout !

22 octobre 2002 :

14 h 44 : de JP à Zoé

Coucou mon amour. Mes pensées t'accompagnent à chaque instant. 1 000 tendres baisers pour toi avec de gros câlins. Je t'aime et ne cesse de penser à nous.

24 octobre 2002 :

9 h 32 de JP à Zoé

Coucou mon amour ! Je t'aime à la folie, tu me manques… Amour, amour et amour toujours.

26 octobre 2002

C'est mon anniversaire !!! Pat, le patron de l'Atlantic m'a organisé une soirée… Il a même convié un DJ qui nous passe du rock !!! Super sympa non ???? Et encore une fois, je suis très gâtée et en plus avec beaucoup d'humour !!! Un beau bouquet de fleurs, qui me durera trois semaines ! C'est bien la première fois !!! Plein de bons d'achat pour des fringues… Des sous-vêtements, un porte-monnaie, des gants léopards !!! Et oui, le léopard, c'est ma marotte !!! Plein de gadgets me mettant en boîte !!! Plein de sous et un bouquin sur les vertus des pierres de la part de ma famille. Une paire de petites boucles d'oreilles par JP. Tiens d'ailleurs, ma famille a pu faire sa connaissance. Mon frère Chris a discuté un moment avec lui. Il a essayé d'entrer en contact !!! Il s'intéresse à ce qu'il fait dans la vie… Par contre, il est très déçu que JP ne lui retourne même pas la question… Mon frère se sent un peu frustré qu'il ne s'intéresse pas à lui… C'est vrai en tant que futur beau-frère… Mais bon, il passe là-dessus… pas rancunier… Maman me demande seulement quelles sont ses relations avec Julianne… Elle a entendu du « mon petit cœur » dans l'air et ça l'a interpellée… Bref, bonne soirée !!

<u>**28 octobre 2002**</u> :
<u>**17 h 31 :**</u> de JP à Zoé

Je ne trouve pas un mot pour te dire combien je t'aime. Il en faudrait tant ! Mon amour est si grand que je ne sais pas le mesurer… Je ne suis pas tout à fait moi-même et j'avoue paniquer face à ce que je ressens. Ma vie est si différente depuis toi ! Je me sens si comblé près de toi. Je te veux pour femme, mère, maîtresse, amie jusqu'à la nuit des temps. Parce que je t'aime, parce que tu m'aimes, parce que moi sans nous ce n'est rien. Et la seule pensée que cela puisse arriver me terrifie.

Où puise-t-il donc ces textes ?????

<u>**30 octobre 2002**</u> :
<u>**12 h 22**</u> de JP à Zoé

Non, je ne t'oublie pas. Je pense très fort à toi et je t'aime de tout mon cœur. Je t'envoie 1 000 tendres baisers ainsi que tout mon amour. À l'infini.

<u>**31 octobre 2002**</u>

Il y a quelque chose qui me gonfle… Il reçoit des SMS et des messages de son ex (une certaine Corinne) et ne l'envoie pas bouler… elle sait pourtant pertinemment que nous sommes ensemble mais, malgré tout, elle l'invite à tout bout de champ avec ses enfants… et sans moi !! Une fois ce sont les crêpes, une fois l'apéro, puis c'est autre chose, etc. Ça m'agace prodigieusement… Je trouve humiliant pour moi qu'il ne l'envoie pas bouler une bonne fois pour toutes… C'est vrai quoi !!! Que veut-elle à la fin ??? Le reconquérir ???? Qu'il soit clair et net avec elle une bonne fois pour toutes !!!! Zut alors !!!

Et moi, je passe pour quoi ??? Pour une conne encore ????? Oui vraiment, ça m'agace au plus haut point !!! Il ne veut rien entendre et ne veut pas lui mettre les points sur les i devant moi… Pour lui, je suis jalouse, point… alors que je ne devrais pas… et bien peut-être que je ne devrais pas et peut-être que je suis jalouse, mais c'est aussi peut-être un peu légitime… je voudrais bien savoir comment il réagirait, lui, si je recevais des SMS et des invitations de mon ex au moins deux à trois fois par semaine pendant un mois et demi !!!! Et si, comme lui, au tout début de notre relation, j'avais dormi deux semaines chez mon ex, pour garder son gamin à watt mille kilomètres d'ici ! Elle était à l'hôpital et il lui avait promis de le garder, en garde alternée avec un autre pote, pendant une semaine !!!! Au final, il s'est retrouvé tout seul, l'autre pote s'étant désisté, pendant deux semaines et demie !!! Et il allait même la voir le week-end à l'hôpital !!!

Bref, j'apprécierais qu'il soit clair et net avec elle, voir qu'il lui mette les points sur les i et qu'elle lui lâche la grappe !!!!

NOVEMBRE 2002
Dérapages…

2 novembre 2002 :

De JP à Zoé : Mon amour, ne prends pas cela trop à cœur. Je t'aime, efface tes craintes, pour moi, rien d'autre que toi ne compte. Amour toujours et 1 000 baisers.

Cela = les messages et SMS de son ex Corinne, c'est-à-dire, le morpion qui s'accroche et lance des invitations diverses et variées en m'omettant complètement ! Il a quand même avoué qu'elle cherchait à créer le doute… Ça, c'est de la méchanceté gratuite !!!

4 novembre 2002 :

14 h 22 de JP à Zoé (je viens de signer un compromis de vente d'un appartement !!!)

Mon amour, tu es la meilleure ! Tu me manques et je t'aime de tout mon cœur… Tu sais, la maison, on l'aura, mais chaque chose en son temps… tendrement tien…

6 novembre 2002 :

10 h 30 de JP à Zoé

Je t'aime mon amour… 1 000 tendres baisers.

10 novembre 2002

C'est drôle parfois je trouve que Jean Philippe n'est pas très « pressé ». Pour faire la fête, ah oui… Mais pour d'autres démarches (comme pour notre mariage par exemple…)… moyen… enfin, je ne sais pas tout… après tout

Il y a quand même des choses qui m'interpellent… comme dormir avec ses enfants… Sauf… et encore !!! S'ils sont malades… et encore moins tout nu avec sa fille !!! Bon OK, il dit que ça fait un an et demi que ça n'est pas arrivé !! Et heureusement !!! Surtout avec tout ce qui courre aujourd'hui… Au moindre doute, vous êtes pédophile !!! Alors en ayant divorcé, si sa fille, comme elle le crie tout fort dans un magasin, dit que son père dort tout nu avec elle… il risque de se voir supprimer son droit de garde !!!!

Je le trouve aussi souvent plus cool avec sa fille qu'avec son fils… ça n'est peut-être qu'une impression. Disons qu'il me semble plus à l'écoute et plus attentionné envers sa fille que son fils…

Ça passera sans doute quand nous aurons un appartement. Je ne sais pas quand… Ça tarde… Bref, à suivre. Mais ça me pèse un peu, j'ai hâte que nous vivions ensemble « pour de vrai ». Sinon, je l'aime et il me convient, même si nous ne sommes pas d'accord sur tout… aimer l'autre c'est aussi accepter ses différences. Et je les accepte…

Il y a quand même cette histoire avec son ex Corinne, ça me gonfle un peu beaucoup. A-t-il été réellement clair avec elle ??? A-t-il été honnête ? Dans ce cas, pourquoi continue-t-elle de le solliciter ?

Je suis un peu désorientée mais je l'aime toujours autant. J'ai juste besoin de prendre du recul face à tout ça.

Je n'ai pas envie de dire « je l'aime mais »… Alors je l'aime et je sais que ce n'est pas toujours facile ou évident… Nous avons des petits réglages à faire, c'est tout. Tout passe par le dialogue… À nous d'être grands et adultes responsables.

11 novembre 2002 Lundi noir !!!!

Finalement, j'avais bâti un équilibre précaire dans ma petite vie de célibat… équilibre… oui, j'arrivais à trouver un certain équilibre à travers une certaine routine… une vie bien rythmée et organisée… avec ses fastes et ses tréfonds… Le truc, la chose, la plus difficile à digérer, même à admettre, c'est la solitude, le non-amour, la non-réciprocité de certains sentiments et l'étiolement de ses rêves et de ses ambitions… Mais même ça finalement, on s'y fait… on s'ancre dans cette vie… oh non pas morne et austère… Juste une vie banale sans rêve, sans beaux délires et seule… On s'y fait, si, si et même on s'y accroche… juste un peu pour vivre… Pour survivre… pour un espoir.

Et là, quelque chose se passe… une rencontre vient bouleverser cet équilibre précaire qu'on avait déjà du mal à préserver des chamboulements de la vie quotidienne de la société et de ses mœurs dissolues. LA rencontre, oui, pleine de sentiments et de réciprocité… Oui… et l'incompréhension avec, et la peur… dans ma bulle j'étais protégée et là, je sors de ma bulle, à nu, sans armure… Ah oui, pour cela je suis prévenue… difficile une relation avec un homme divorcé avec trois enfants de deux femmes différentes… Bref, un homme pas si simple que ça… pas facile… Oui mais voilà, je l'aime et je me sens prête à tout… Rien ne me vaincra. Peut-être que je présume de mes forces ? Certainement n'aurais-je pas dû répondre oui à sa demande en mariage si précoce avant de le connaître mieux et de vivre avec lui. Sans doute oui, me suis-je laissée emporter par mon optimisme et mon euphorie. Car oui, finalement il faut du courage pour sortir de sa bulle… Et passer d'une vie de célibataire à celle « à deux » avec un homme qui a watt mille ex et trois enfants de deux femmes différentes.

Ce qu'il en ressort aujourd'hui ?

Il s'en sort soi-disant très bien tout seul pour élever ses enfants et comme je n'ai pas la science infuse je n'ai rien à dire. Je voudrais quand même préciser ici que lorsqu'il a la garde de ses enfants, ils sont chez sa maman, leur grand-mère donc, qui s'en occupe énormément… Comme leur Tata d'ailleurs… Donc finalement, il n'est pas seul pour élever ses enfants, ce n'est pas vrai… Bref, moi je n'ai pas droit à la parole… en gros ferme ta gueule… Et laisse rouler. Et bien non, ça ne me convient pas… Je ne suis pas d'accord. Je veux bien être cool mais pas être une lavette. Ah si, il y a quand même une remarque de ma part qu'il n'a pu désapprouver et dont il a tenu compte… il faut dire que c'est une attitude qui me choquait… c'est de ne plus fumer dans sa voiture quand ses enfants sont à bord… Tu me diras, chez leur Mamy, tout le monde fume, qu'ils soient là ou pas ne change rien… Du coup, même moi je ne m'en prive plus… mais j'avoue que je n'en suis pas très fière et que ce n'est vraiment pas malin !!! Tu me diras quand cinq fumeurs sont réunis dans un salon et que les enfants jouent au milieu, ce n'est pas le sixième qui va spécialement les intoxiquer !!!

Et puis Jean Philippe tient un discours changeant… Quelque chose me titille quand même. Il cultive également l'ambiguïté. Un jour blanc, un jour noir… Ça ne me ressemble pas… je n'ai qu'une parole…

Prenons aujourd'hui par exemple. Nous nous sommes disputés chez ses amis. Ça n'était ni le lieu ni l'heure et je n'ai cessé de le lui souffler, à propos de ses enfants. Je l'agace, on dirait que j'ai la science infuse dit-il… etc. Lui, il sait tout… Il a consulté moult psy et du coup, c'est tout juste s'il n'est pas devenu psy à son tour ! Bref, il faudrait que je ferme ma bouche… Mais voilà, quand je vois une injustice, je ne peux que réagir… Je n'y peux rien c'est comme ça, c'est mon tempérament ! Et quand il a crié sur son fils qui marchait dans une flaque d'eau mais n'a rien dit à sa fille qui faisait la même chose… ça m'a interpellée !!! Bref, je m'en suis pris plein la figure quand j'ai émis l'hypothèse qu'il semblait avoir une préférence entre ses enfants…

Mais là, devant l'injustice de ses propos à mon égard, j'ai fait comme si de rien n'était… J'ai tenu bon jusqu'à la fin de la soirée (juste une petite larme au stade quand personne ne me voyait, alors que j'aurais voulu courir dans un coin et me cacher pour pleurer tout mon soûl).

Comme son ami habite juste à côté de chez moi, je lui ai demandé de me ramener avant ses enfants. J'en avais gros sur le cœur… Il a insisté pour que je l'accompagne, alors finalement j'ai obtempéré,

OK je viens… Et finalement, il s'est ravisé et m'a déposée !!! C'est à n'y rien comprendre… une fois qu'il a ce qu'il veut, il change d'avis !!! Bref, j'ai dit au revoir, bisous et on s'appelle… et c'est tout.

Et qu'on réfléchisse tous les deux à ce qu'on veut vraiment. Moi, aujourd'hui, j'en ai assez de l'attendre à cause de ses maladresses, j'en ai assez de souffrir, même petites souffrances, mises bout à bout, ça fait quand même un bon petit lot, et tout ça à cause de ses maladresses. Alors qu'il réfléchisse cinq bonnes minutes à ce qu'il souhaite réellement… une bobonne ? Non, il ne veut soi-disant que mon amour. Alors, qu'il réfléchisse à comment le conserver et non pas continuer à le mettre constamment à l'épreuve… l'éroder, l'user. J'en ai assez entendu sortant de sa bouche qui m'ont fait mal… je passe sur « la conne que je vais épouser »… c'était une plaisanterie, ça ne voulait rien dire… quelle plaisanterie et dénégation de mes sentiments face à cette insulte !!! J'ai besoin de me ressourcer, je ne sais plus où j'en suis. Finalement ai-je assez de courage pour affronter cette nouvelle vie ? Pour marcher sur cette nouvelle voie qui s'ouvre à moi et qui me semblait si merveilleuse ? Sortir de ma bulle, cocon étriqué devenu confortable… ce cocon où, au moins je connais par cœur cette souffrance que j'endure et qui fait que, quelque part, je ne souffre plus vraiment ou plus de la même manière. Aurais-je peur d'affronter le monde ? Ce monde ? Les autres ?

Je me suis blindée, forgée par rapport à cette souffrance endurée, ai-je peur d'être encore trop faible ? Ai-je donc si peur de souffrir ? Oui, aujourd'hui je crois que oui, j'ai peur de souffrir et ne pas être à la hauteur de cette souffrance pour la vaincre. Et même si je sais que la souffrance n'a que l'importance qu'on veut bien lui donner, oui, j'ai peur de souffrir… Quand devient-on assez grand pour ne plus souffrir ? Jamais. Je sais que la vie ne nous impose jamais plus que nous ne pouvons supporter mais, à nous de faire en sorte que la vie sache se cantonner à ça et garder ses limites… et respecter les miennes.

Je croyais que quand on s'aimait vraiment très fort, on ne se faisait pas souffrir… sans doute ai-je lu cela dans quelque conte de fées ?

Toujours est-il que je n'ai pas envie de voir celui qui m'a fait souffrir ce soir. Il me faut me reposer, me ressourcer, me retrouver… J'ai peur du résultat.

Pete a raison, la vie est un combat permanent et n'est jamais facile qu'on soit seul ou deux.

Mon téléphone sonne, je ne décroche pas… Ce sont des messages des amis de Jean Philippe qui me demandent de les rappeler… Ils m'ont l'air bien gai et derrière les éclats de rire j'entends des « mais je t'aime mon amour !!! Et c'est pour la vie » et ça se marre… et j'en ai trois comme ça… Quelle humiliation !!! Ils se foutent de ma figure !!!! Jean Philippe n'avait pas à leur donner mon numéro et il aurait dû les faire cesser… Quel mépris quand même !!

12 novembre 2002 midi

Ce n'est pas la première fois que mon petit monde s'écroule et que pourtant la terre continue de tourner… Comme si de rien n'était.

J'ai peur de trop comprendre que JP s'est bien foutu de moi. C'est comme ça, c'est la vie… Mais que cherche-t-il donc ? Laisser faire ses copains n'est pas très sympa !!! Le tout scandé d'éclats de rire… pas cool.

Je déteste ce que j'ai entendu. Je suis profondément choquée, de cette attitude. Aujourd'hui, je me sens salie et humiliée. Je suis mal, j'ai la tête dans du coton, fébrile, comme si j'avais une bonne grippe ou une gueule de bois. Je déteste cette façon de se moquer de moi et de m'humilier.

Au final, je me demande bien ce qu'il voulait. J'ai l'impression d'avoir pris un gros coup sur la tête.

Cette nuit, j'ai rêvé que je me mariais, il y avait plusieurs mariages, de belles mariées bien vêtues, et moi, je n'avais pas de robe, je portais un pantalon noir.

Pour l'instant, je suis abasourdie, je réalise sans réaliser. Je suis un peu perdue et je redoute le contrecoup. Oui, je ne me sens vraiment pas bien aujourd'hui, mais ça ira sans doute mieux dans quelque temps. Une grosse goutte a fait déborder un vase fêlé et bien plein. Et voilà, il a fallu qu'on me pince et je vais me réveiller… Là, je suis tellement mal que je ne mesure même pas à quel point j'ai mal.

Ah, les désillusions ! Revenir sur terre après avoir fait un merveilleux rêve. Mais au moins j'ai rêvé un moment, c'est toujours ça de pris et ça fait du bien ! Voilà.

<u>12 novembre 2002 soirée</u>

Un monde meurt, un autre naît ?

JP dit que je porte un jugement sur quelque chose que je ne connais pas. Ce n'était pas un jugement que de dire que j'avais l'impression qu'il s'occupait plus de sa fille que de son fils. Oh et puis zut !!! Et quand bien même c'en était un !!! Qui ne juge pas d'ailleurs ???? à partir du moment où on prend position, on porte un jugement !!!! Mais là, il s'énerve et se fâche… Si réellement ce commentaire était sans fondement, je crois qu'il ne s'énerverait pas et ne se fâcherait pas car ce n'est pas son tempérament. S'il s'énerve c'est bien qu'il doit sentir quelque chose de vrai. Voici ce qu'il m'écrit dans un SMS le 12/11/2002 15 h 45 : « Ta fierté, tes certitudes et ta susceptibilité vont finir par nous coûter cher. Je t'aime MAIS là, tu pousses le bouchon un peu loin et je ne l'accepte pas. Comment peux-tu te permettre de constater en aussi peu de temps ! Qui es-tu pour faire cela ? Sais-tu au moins ce que c'est que d'être parent ? Sais-tu ce que c'est que d'avoir peur pour ses enfants ? Tu es maladroite et tu devais te poser des questions sur ce que tu m'as dit ! C'est non seulement léger mais aussi non fondé !!

De plus, tu me reproches des choses que je t'aurais dites et faites au téléphone sans savoir, encore une fois… Si tu as si peu confiance en toi, c'est ton problème. »

Là, je ne comprends pas tout… Ce message est méchant et stupide… oui, j'ai bien compris que c'était ses copains qui me téléphonaient, ce que moi je n'accepte pas c'est qu'il leur ait communiqué mon numéro de téléphone et qu'il les ait laissé faire, c'est tout, c'est incorrect et vexant point barre.

Voilà, tout ça pour une simple remarque sur ses enfants dans un lieu inadéquat et à la mauvaise heure. Et il monte ça en tête d'épingle… il aurait fait un bon journaliste à scandales !!

Je lui avais pourtant suggéré d'en discuter à un autre moment… il n'a rien voulu entendre… voilà, au moins je sais à qui j'ai à faire. N'arrive que ce qui doit arriver. Je croyais que nous nous aimions au-delà de tout ça, et sans MAIS, ce qui était notre grande fierté à tous les deux… mais je me suis trompée, encore une fois ! Quand donc devient-on assez grand pour ne plus se tromper ?

19 h 39 de JP à Zoé

Rien à foutre de ton « soyons aimés ». Ce n'est pas bon, ça fait trop mal. La vie c'est parfois de la merde et c'est ainsi.

13 novembre 2002 :

1 h 19 de JP à Zoé

C'est la fin du voyage pour moi. L'amour, je l'ai en moi mais ça fait trop mal. Dommage, j'y ai cru une fois de trop.

Ça ressemble bien à un message de rupture… Je suis abasourdie, j'ai l'impression d'en prendre plein la tête pour pas un rond ! Ses derniers messages me font l'effet d'une bonne claque… Lui qui soi-disant relativise tout… Sur ce coup c'est raté ou alors j'ai touché un point sensible… Et maintenant au lieu de discuter, il cherche à me blesser, à m'atteindre plus encore… Mais ce n'est pas la peine, je suis déjà en charpie et j'ai le cœur en bouillie. Le revers de la médaille du bonheur ? Lui n'accepte pas… quoi, ??? Bonne question et moi je ne réagis plus… j'étais déjà KO au premier round. Qu'il continue à me jeter la pierre et me donner des coups de pieds… je suis déjà à terre, je suis anesthésiée par le choc, rien ne peut plus m'atteindre, c'est gagné, j'ai mal et c'est tout !! Et la terre tourne et tournera encore et toujours… avec ou sans moi, après…

Qu'ai-je donc fait de si mal de si méchant ?

Toutes ces épreuves ne vont-elles donc jamais cesser ? Qu'est-ce que je paye encore ?

C'est vrai que rien n'est jamais facile… serait-ce vraiment un luxe ? Que la vie soit un peu clémente et un peu plus facile ? Qu'elle fasse un peu moins mal ? Qu'on se prenne un peu moins de gamelle, c'est vraiment trop en demander ? Pourquoi les gens ne s'aiment-ils pas assez fort pour dépasser tout ça ? Pourquoi l'amour n'est-il ni assez grand ni assez fort pour que la paix règne en maître sur ce monde ? Et moi, je ne peux même pas m'en aller, je suis obligée de rester là, juste à survivre, juste là… apprendre à vivre, c'est si long ? Et s'en aller ? Et si on ne peut pas ? Moi, je voudrais bien m'en aller, paisiblement, calmement, juste pour ne plus avoir à survivre… On est toujours tout seul face à la douleur. Comment on l'appréhende, comment on la gère, comment on la ressent, comment on la perçoit, comment on la vit, comment on y survit, chacun à sa façon, chacun sa sensibilité, plus ou moins exacerbée en fonction de son vécu et de son ressenti… oh oui, je suis faible… qu'est-ce donc encore que je n'ai pas résolu ? Que dois-je encore faire pour avoir le droit d'être heureuse ? Quoi ? Est-ce que je sais m'aimer ? Est-ce que je sais aimer ? Je ne sais plus… Et visiblement aussi je vais partir puisque tout me retient et que je ne veux plus que tout me retienne… vous ma famille, je vous aime tant, sans condition, je vous aime du plus profond de mon âme. N'ayez crainte, je m'en vais juste de l'autre côté du chemin, vous mes amis, idem, n'ayez crainte, nous nous retrouverons… je vous le promets à tous… l'amour est ce que nous portons dans nos cœurs. Tout ça n'est que la continuité de la vie tout simplement…

Je suis bien, je suis calme… je vous aime. Et si vous m'aimez, vous comprendrez… que, si ce qui m'attend je l'ai déjà vécu, c'est plus la peine, mon cœur est déjà trop lourd de peine… (F. Cabrel) Mon corps est fatigué et la solitude me consume. Je ne veux plus survivre… j'ai assez guerroyé… je n'ai plus de force…

J'ai cru au bonheur, oui j'y ai cru, j'ai cru que l'amour était plus fort que tout, j'ai cru que cet amour allait me porter haut, allait nous aider à dépasser nos faiblesses… je me sens tellement faible… Suis-je égoïste ? Certainement un peu comme tout le monde ! Mais ce n'est pas grave… J'ai rencontré l'amour que je croyais invincible, et il a été vaincu, c'est la vie ! J'y ai cru et j'ai eu plein de bonheur plein la tête et c'est bon… Et oui, comme dit si bien Colette « tant de bonheur » et bien c'était trop bon et trop beau pour être vrai et voilà… J'ai connu un grand bonheur, je suis tombée dans des bras bons, mais pas assez forts pour supporter toute ma douleur et me comprendre. Alors voilà JP, je ne t'oublie pas, oui je t'ai aimé, oui, j'ai cru qu'on s'aimait si fort qu'on pourrait en déplacer les montagnes… j'ai cru que ÇA était rare, unique… voilà, je n'ai aucun regret, sans doute n'étais-je pas faite pour toi ? Ainsi va la vie, c'est comme ça… Finalement y peut-on quelque chose ? Les faibles sont éliminés et les forts restent…

Je téléphone à mon ami Fabien… qui vient à mon secours… Il m'écoute, tente de me consoler, il est là tout simplement… en ami fidèle.

2 h 30 de JP à Zoé

Arrête, on se fait du mal. Je rentre si tu veux… je t'aime et aucune vie ne nous donnera cela… arrête s'il te plaît.

Et il revient… mon bourreau essaye de me consoler… mais je ne veux même pas le voir… il me fait souffrir à en vouloir mourir et ensuite il pense me consoler et me reconquérir comme ça, tout simplement ? Non, je ne veux même pas le voir, même sa vue me fait mal… qu'il parte, il me fait trop mal… Qu'il s'en aille !!! Qu'il aille au Diable !!!

Alors il repart et me fait le coup du 220 à l'heure sur l'autoroute, il va à Évian… Je flippe et Fabien m'emmène sur l'autoroute pour tenter de le retrouver… (il m'apprendra plus tard qu'en fait, il est tout simplement allé se coucher !)

Alors moi, je lui fais le coup du couteau dans la baignoire… mais nous n'avons pas plus de couille l'un que l'autre sur ce coup ! Des crocodiles !!!! Une grande bouche et des petits bras !!!

14 novembre 2002

Bref, il est revenu… Il ne se sent pas coupable de ce qui nous est arrivé, de cette crise. C'est bien, moi non plus… Nous avons chacun notre part de responsabilité. C'est ce que je pense dans la mesure où il faut être deux pour se disputer et se déchirer.

Et je suis certaine de ne pas avoir complètement tort par rapport à ses enfants. Même maman a remarqué que sa fille monopolisait son attention, en n'écoutant pas, en ne lui obéissant pas, en boudant, et que lui, il rentre dans son jeu. Ce n'est bon ni pour elle ni pour lui. Il faut savoir poser des limites à un enfant, il en a besoin. Ce sont ses points de repère pour aujourd'hui et pour toute sa vie. Enfin, bref, tout ça pour ça. Dommage. Oui, j'ai touché un point sensible, ses enfants. Mais je ne dis pas ça pour l'embêter, juste pour rétablir un certain équilibre. Et va savoir si le blocage de son fils par rapport à ses devoirs n'est pas une façon de solliciter à son tour l'attention de son père ? Je me demande bien… car ainsi, il est obligé de lui consacrer plus de temps… À suivre.

Parenthèse : samedi à Ranchal, pour mon anniversaire en famille… je n'ai pratiquement pas vu JP de l'après-midi… Il était avec sa fille tout le temps… et tout le monde a pu le constater. Je ne suis pas folle !!!! Chris remarque aussi qu'il n'a aucune autorité sur sa fille… C'est vrai qu'on ne gronde pas son enfant avec un sourire !!!!

Ce soir nous allons au restau avec Carine et Zinz… Finalement au dernier moment, JP ne veut plus venir… Il veut rester chez sa mère car il souffre et ne veut pas m'en parler. Le pauvre chéri !

Donc soirée entre filles… Ça fait du bien finalement !

Je leur ai expliqué le coup des appels téléphoniques des copains de JP. La réaction a été unanime : « pourquoi leur a-t-il donné ton numéro, ils se foutaient de ta gueule, ils devaient être bourrés ». Elles savent tout… et sont, du coup, sceptiques quant à l'amour que me porte JP. Elles pensent que quelque chose cloche, qu'il n'est pas clair.

Carine me conseille même de passer un coup de fil à son ex, celle qui ne cesse de le solliciter, disant que je me permets de la contacter car j'ai cru comprendre qu'elle était malheureuse de sa rupture avec JP. Lui disant que si j'en suis la cause je suis vraiment navrée car je sais ce que c'est. Que lorsque j'ai rencontré JP, il m'a dit qu'il était libre, sinon, je lui aurais demandé de clarifier la situation avant d'entreprendre quoi que ce soit avec lui. Or là, je m'interroge.

A-t-il réellement été clair avec elle ? Si tel n'est pas le cas, il ne l'est pas avec moi non plus… Voilà, c'est une bonne idée.

Le 12 à minuit, il a envoyé un SMS à Zinz : « J'ai trop mal, je crois qu'elle ne m'aime pas. J'ai si mal que mon cœur va cesser de battre. Tout cela prend des proportions terribles ». En fait, il a téléphoné à Julianne pour avoir le portable de Zinz… qu'est ce qu'il voulait ou attendait donc ? Zinz ne comprend rien à cette attitude… déjà elle trouve que son message sonne carrément collection Colombine et puis, pourquoi elle ????

Du coup, d'autres choses me reviennent en mémoire. Il y a trois semaines, il savait qu'il devait toucher une certaine somme d'argent… Nous devions ouvrir un compte en commun pour notre mariage… il mettrait 25 000 francs… mais une semaine après il décide que ce ne sera plus que 20 000 francs et aujourd'hui plus que 10 000 francs… En guise de bonnes intentions… ça fond comme neige au soleil !!! Il ne me donne aucun éclaircissement… mais bon… il doit avoir ses raisons…

En fait ne se désintéresserait-il pas de moi depuis qu'il sait que je suis désargentée ? Ce serait petit ! Et je ne veux pas croire cela…

15 novembre 2002

J'ai reçu un SMS de JP : « je t'aime »

Alors à ce jour, que ressort-il de cette dispute abracadabrante ? Où en suis-je moi ?

Je suis blessée, les mots sont allés loin. Je doute de son intégrité, de sa sincérité et de son honnêteté. J'ai perdu confiance en lui.

Que faire ? Laisser le temps panser mes blessures, nous laisser nous reconquérir, si nous le voulons bien.

Pourquoi je doute ? Comment mettre tout cela au clair ? Qu'est ce qui s'est passé ? Que nous est-il arrivé ? Pourrions-nous en discuter calmement ? Que veut-il ?

Tout s'embrouille dans ma tête.

17 h 30 Comment avons-nous pu en arriver là ? Ma réaction concernant ses enfants : samedi était pour moi un grand jour. Ses enfants et lui allaient faire la connaissance de ma famille. J'ai quand même accepté de l'épouser alors c'est important ! J'aurais aimé que nous soyons un peu plus tous ensemble. Sa fille l'a beaucoup sollicité, quelles qu'en soient les raisons, elle a monopolisé une grande partie de son attention, et du coup, de notre après-midi, et de fait nous n'avons pas partagé cette journée. J'étais un peu déçue. Et du coup, j'attendais avec impatience que nous nous retrouvions tous les deux le soir… raté… Sa fille est malade… Ce qui ne m'étonne guère… elle a mangé tellement de bonbons – que son père lui distribuait avec générosité – et n'a pas voulu se vêtir alors qu'il faisait un froid de canard ! Bref, je suis déçue et un peu frustrée mais rien de bien grave.

Lundi, avant de partir… faire un aller-retour pour chercher ses enfants pour aller manger chez son ami Damien, il téléphone à sa maman afin qu'ils soient prêts. Il est 9 h 30… Un aller-retour, allez, une heure maximum… Disons qu'à 11 heures ils seront à la maison… je les attends avec impatience, c'est la première fois qu'ils viennent chez moi !!! Midi, toujours personne et même pas un coup de fil… que se passe-t-il donc… Je m'impatiente et je suis déçue. Vu l'heure tardive, je décide de descendre les attendre en bas… de toute façon, plus le temps de monter !!!

Arrivés chez son ami, son fils marche dans une flaque d'eau… Il se fait gronder… sa fille fait pareil… pas de réaction… bon… pas grave… s'ensuit une discussion à demi soufflée dans un lieu et à une heure inadéquats. Je ne voulais pas le blesser ou lui dire comment tenir son rôle de père… Je lui faisais part d'un simple constat d'injustice, c'est tout… Et lui a réagi violemment, m'en a foutu plein la gueule, je me suis enfermée dans ma souffrance et nous en sommes là… Bravo pour la qualité de notre dialogue !!! Et quel gâchis !!

17 h 43 : de JP à Zoé

Tu fais quoi ce soir ? Tu as envie de me voir ? Tu veux qu'on mange ensemble ? JP

Ma réponse : « Et toi, tu veux quoi ? » je ne veux surtout l'obliger en rien…

17 h 52 rien que tu ne veuilles pas. I can't make you love me if you don't. JP

Là, je ne vois pas le rapport !!!

Ma réponse : je vais faire un tour à l'Atlantic café dans tous les cas.

Et oui, j'ai rendez-vous avec mes amies… Je ne vais pas les laisser tomber au dernier moment… Ça ne se fait pas… et puis, je ne comprends pas le fond de son message, ça veut dire quoi ???

Allons-nous jouer encore longtemps au chat et à la souris ? Mais que veut-il à la fin ?

17h58 Bien, appelle-moi quand tu auras fait ton tour si tu as envie… JP

Ma réponse : moi ce dont j'ai envie c'est d'une conversation calme, franche saine et assainissante…

Plus de réponse… bizarre non ?

Moi, à cause d'un simple constat qu'il considère comme maladroit, non fondé et léger, je subis ses foudres… A-t-il autant subi mes foudres suite à ce qu'il qualifie comme ses maladresses ? Dois-je les compter et compter les points ? À quoi jouons-nous ? Où veut-il en venir ?

J'ai pleinement et parfaitement conscience aujourd'hui que je suis saine, à peu près équilibrée… nul n'est parfait !!! Et surtout pas folle comme a tenté de me le faire croire JP. Mes réactions sont légitimes, fondées et logiques ! Et ce, à l'unanimité ! De plus, la place du conjoint si l'être aimé est mal est de rester proche, pas de fuir.

19h05 : SMS de JP à Zoé

« Il faut savoir ce qu'on veut dans la vie. Manifestement tu préfères les bars à un tête-à-tête, les pompiers à l'homme de ta nouvelle vie ». Nos conversations ont un goût amer de séances de reproche à mon égard… Cette complexité n'est pas mienne… je n'ai jamais connu cela ! Suis-je si imparfait auquel cas pourquoi ne me l'a-t-on jamais dit ? (Pourquoi donc s'est-il séparé si souvent ?????? Il ne devait bien pas être si parfait que ça !!!) Je me demande si j'ai une place dans ta vie ? Peut-être n'en as-tu pas à donner. Alors ne reproche pas tout ton mal-être à l'autre et laisse-lui la chance de pouvoir t'aider… Tu as peur d'être aimée ? Tu as peur d'être heureuse ? Sais-tu ce que tu veux tout simplement ? M'aimes-tu ? »

Alors là, il n'a pas complètement tort… mais il s'y prend très mal… de plus j'ai des doutes certains quant à l'auteur véritable de ce message…

Ma réponse : Pourquoi cette agressivité dans ton message ? Qui fait des reproches à cet instant même ? Ne t'ai-je pas proposé une conversation calme ?

Mais que veut-il à la fin ? Que cherche-t-il ? Ça me prend la tête !!!

19 h 21 De JP à Zoé : Je ne comprends pas tout simplement ! Si tu es habituée à cela moi pas ! Je ne suis pas agressif mais dérouté.

Ma réponse : qu'est-ce que tu ne comprends pas ?

Lui : tu sais lire, alors lis !!……Quelle agressivité !!!!

Moi : que je lise quoi ?

Lui : Il me semble t'avoir envoyé quelques messages ! Je ne te comprends pas tout simplement…

Là, sur ce coup, je lui téléphone… et nous nous expliquons… Et sur ce coup c'est lui qui s'emporte et n'est pas calme… moi, je reste zen… et j'en suis très fière…

Je lis… beaucoup… *Le secret des enfants heureux*, *Dolto expliquée aux parents*, *L'enfant de l'autre*, *Les hommes viennent de Mars, Les femmes de Vénus*, *Jamais seul ensemble*… j'avale tous ces livres… qui m'enrichissent… me font voir un peu plus clair…

Le temps aidant, ça va mieux entre nous…

<u>18 novembre 2002</u>

Nous allons faire un tour au salon du mariage… Nous repérons les dragées, prenons quelques adresses… admirons le défilé !!!

<u>28 novembre 2002</u>

Merveilleuse soirée… JP a acheté nos vêtements pour notre mariage !!!! Au départ, nous allions juste pour jeter un œil et finalement, comme les commerçants nous ont fait des réductions intéressantes, JP a payé. Comme nous allons être beaux… tous les deux assortis, en « rubis et ivoire »… Ma robe est superbe… Au début, quand je l'ai essayée, ça me faisait tout drôle et ensuite, je ne voulais plus la quitter !!! Et comme il est beau mon chéri dans son costume !!!!

Je suis follement heureuse et folle de joie !!! Je voudrais téléphoner à tout le monde pour dire que, ça y est, nous sommes fringués pour notre mariage !!!!

JP voudrait même que nous fassions un enfant tout de suite ! Ah non, pas avant le mariage !!! Et maintenant que j'ai ma robe, je ne peux pas grossir !!! Nous avons le temps !!! Nous essayerons lors de notre nuit de Noces !!! Hé hé !!!

DÉCEMBRE 2002
… RATAGE COMPLET

8 décembre 2002 : **Fête des lumières !!!**

Je suis seule chez moi, JP reste avec ses enfants car il les emmène à l'école, demain… Un prétexte pour ne pas venir me voir ???

J'ai pris une bonne résolution… celle de ne plus m'inquiéter des retards perpétuels de JP et ne même plus lui demander à quelle heure il compte rentrer. Voilà, puisqu'il sait désormais que je m'inquiète quand il rentre tard sans prévenir, que ça m'énerve et que j'en souffre, mais qu'il refuse de l'entendre, il ne comprend pas dit-il, et par conséquent, il refuse catégoriquement de me passer un petit coup de fil pour me prévenir de ses retards… Je n'ai qu'à l'appeler quand je ne tiens plus ! !!! Mais là, j'aurais un peu l'impression de le harceler !!! Et puis, ce n'est pas à moi de prévenir !!!! Il ne veut pas avoir à « gérer » ma souffrance !!!! Comme si trois secondes de téléphone était une gestion lourde de la souffrance de l'autre !!!! Si, désormais, en couple, on se fout de la souffrance de l'autre, où va-t-on ? Donc, à moi de faire en sorte de ne plus souffrir… donc ma bonne résolution est prise… bonne ou mauvaise ? C'est une sorte de « je m'en foutisme » de l'autre à acquérir… et de sa part, un manque de respect non ? Ça ne lui ôte pas sa liberté d'action que de me prévenir quand il rentre tard, si ?

Je vais donc faire tout ce que j'ai à faire, ne plus avoir hâte de le retrouver et rentrer quand moi ! OK pas facile !!! Puisque je sais désormais que lui ne m'attend pas avec impatience, n'a pas hâte de me retrouver, ne s'inquiète pas et se fiche de l'heure à laquelle je peux bien rentrer… je vais donc faire comme quand j'étais célibataire…

vivre pour moi… C'est bien la peine d'être deux pour en arriver là !!! Ça me paraît bête… Je ne sais pas… Il me semblait que lorsqu'on vivait à deux on prenait plaisir à rentrer chez soi pour retrouver son conjoint… c'est une croyance typiquement féminine apparemment… Encore un point sur lequel hommes et femmes sont différents…

Mais quand même, je le trouve gonflé ! Hier soir, nous avions RDV chez Julianne à vingt et une heures. Sa fille ayant pleuré que son père parte… nous étions en retard… rien d'inhabituel jusque-là… Et bien quoi ? À vingt et une heures et cinq minutes Julianne avait droit à un petit coup de fil pour la prévenir de notre retard… Comme je lui ai dit : « elle a de la chance, Julianne, d'être ton amie ».

Je ne suis même pas une amie à qui il accorde suffisamment d'attention et de bienveillance pour prévenir de ses retards… Dommage.

Je vais faire comme lui… Appréciera-t-il ? Il n'en dira certainement rien. Et puis, peut être que tout ira bien ainsi, ou peut-être que je me sentirai seule à deux et que je m'éloignerai tout simplement, tout bêtement. Comment saper une relation ? En ignorant les sentiments de l'autre, ni plus, ni moins. Comme c'est stupide ! Je croyais que l'être aimé méritait une attention toute particulière. Mais non… je m'habituerai… ou pas…

11 décembre 2002 la médiocrité s'installe…

Je me demande si je dérape ou pas ? OK, les bonnes résolutions sont là, mais ça devient un retour à la vie de célibat ! Bon, dimanche matin, JP est parti quand je dormais. Revus lundi matin plus tard. Puis lundi soir… air un peu froid. Mardi matin, parti très tôt pour dispenser formation. Soir, vers dix-huit heures, je ne sais plus, je ne regarde plus ma montre… Je l'ai vu se garer… J'étais dans la circulation et je revenais de poser mes panneaux par le boulevard des États-Unis. Et il ne sortait pas de sa voiture… Il avait son portable à l'oreille… il devrait se le faire greffer !!! Il avait tellement hâte de me retrouver qu'il a bien passé dix bonnes minutes à écouter ses messages dans sa voiture. J'ai toqué à sa fenêtre en lui disant qu'il n'avait pas besoin de se planquer pour téléphoner !! Ensuite, chacun a fait ce qu'il avait à faire de son côté. Très peu de communication sauf pour s'engueuler concernant la forme de son curriculum vitae. Je n'en reviens pas !!!! Je lui ai juste dit que la forme était un peu lourde, le fond est très bien !!!! Je remarque à nouveau qu'il ne supporte aucune critique… Il le prend très mal, comme une atteinte à son intégrité !!! C'est bête !!! Il refuse même d'écouter le discours de l'autre et ses arguments et s'entête. Dommage, je crois que toute critique est constructive. Ce soir, comme hier soir, je lis au lit puisque monsieur est épuisé, tellement qu'il ne peut me consacrer quelques minutes d'attention, et même pas me dire bonsoir et me souhaiter bonne nuit avec un tout petit câlin !!! Heureusement, Julianne m'a prêté « le journal de B. Jones » et ça m'éclate… c'est plein d'humour !!!! Au moins, j'ai une occasion de me détendre et de rire un peu !

Ce matin, JP part à huit heures moins le quart, juste un petit mimi pour me dire au revoir… pas droit à un câlin… tant pis !!! On dirait que la distance prend ses marques entre nous…

Ce soir, repas entre filles. Demain, c'est lui qui sort.

Vendredi treize, j'ai le repas de Noël à l'agence, les conjoints ne sont pas conviés. Voilà A+ comme je me contente de lui dire désormais.

Quand nous aurons envie de nous voir, nous conviendrons peut-être d'un rendez-vous ? À suivre.

Aujourd'hui, ce genre de « communication » pratiquement inexistante ne me convient guère. OK, nous avons chacun notre liberté… sans s'inquiéter de l'autre. J'espère que nous saurons nous retrouver de temps en temps quand même, et prêter un peu d'attention à l'autre. Il faut que je digère tout ça. Indépendance et parfois solitude à deux.

J'en ai vraiment gros depuis une semaine à cause de la banque, la Société Géniale !!! J'ai demandé un prêt de trente-trois mille euros pour me sortir de ma mouise depuis mercredi dernier et je n'ai toujours pas de réponse. Ils se foutent royalement de ma figure !!! Ils comptent me laisser sur le gril longtemps ? Quand je pense que JP a refusé un contrat de travail à durée indéterminée rémunéré quinze mille francs nets par mois !!! Moi, j'aurais accepté sans hésitation !!! C'est drôle quand même, il n'a pas de boulot à partir de janvier, il prend un appartement, il va avoir ses enfants en garde alternée, nous sommes censés nous marier en mai et il refuse ce job !!! Il pense qu'il peut trouver mieux… J'espère seulement qu'il ne pèche pas par excès de confiance !! En tout cas, je n'ai pas d'explication, et il n'a pas tenté de me rassurer… bref… J'ai toujours été partisante du « un tiens vaut mieux que deux tu l'auras »… À suivre… s'il ne trouve pas, nous serons dans une belle merde !!!!

Je prie les cieux que nous nous en sortions. C'est vrai, qu'en terme d'heures, JP n'est pas habitué à en faire beaucoup régulièrement… Il ne bosse que par à coup… C'est sa façon de faire, je l'accepte… d'ailleurs, je n'ai pas à m'en mêler… de toute façon, il m'a promis que nous arriverions à tout faire !!! Alors, confiance !!!

Jeudi 12 décembre 2002

Toujours les boules… Pas de nouvelle de la Société Géniale… Toujours pas de communication avec JP… Ne me dit même pas bonne nuit quand se couche à mes côtés… Pas cool !!!! Ça fait depuis la fin de la semaine dernière que je vis « seule ». La distance s'installe. Tant qu'à vivre comme une célibataire, je ne comprends plus le sens de « vie à deux » et « mariage ». Peut-être qu'une lumière viendra éclairer ma lanterne ? Nos seuls moments de communication d'hier se résument à deux coups de fil de cinq minutes… maman, mémé et moi sommes allées à Confo… elles m'ont acheté tous les meubles de cuisine et j'ai repéré des lits bien jolis et pas trop chers pour les petiots !!! Alors je lui ai vite fait part de nos trouvailles !!! ce n'est déjà pas mal pour deux personnes censées se marier en mai, soit dans cinq mois !!! Nous sommes même passés de plusieurs moments d'intimité par semaine (relations sexuelles quoi !!!) à à peine une !!!! Dans le lit, c'est chacun de son côté, surtout faut pas se toucher !!! Comme ça craint !!! Bref, la vie à deux est plutôt très bof depuis samedi. Je ne sais pas si je vais tenir ce rythme très longtemps. Ce soir il sort, demain c'est moi… Peut-être aurons-nous un moment à nous samedi ? Pour l'instant espèce de guerre froide plutôt désagréable… Pourquoi d'ailleurs ?

Je vais bientôt péter un plomb !!!! Toujours pas de réponse de la banque !!! Qu'ils me disent oui ou merde mais qu'ils ne me laissent pas sur le gril !!! C'est insupportable à la fin !!! De toute façon en ce moment rien ne va plus ! !! Vivement que la roue tourne et que tout rentre dans l'ordre !!

Je me demande bien ce que j'ai fait de si mal pour mériter aussi peu de considération que ce soit de la part de la banque comme de JP.

Soirée : la banquière me téléphone, elle défend mon dossier… dit-elle

JP me téléphone : il veut aller à son appartement pour détapisser, il ne va plus à sa soirée, pas plus que chez moi. Encore un prétexte ou bien ????

Il pense que cinq personnes pour mon déménagement suffiront amplement, vu le peu de meubles que je possède !!!!!! Là, je rigole !!! Pour emménager nous étions douze et un camion de déménageur tout plein !!!! Mais non, JP a fait plein de déménagements, il s'y connaît, comme il sait tout d'ailleurs !!!! Et avec sa femme, c'était d'autres meubles que les miens et bla bla bla et bla bla bla… d'ailleurs ce n'est plus sa femme mais son ex-femme… comme quoi, je me demande s'il a vraiment intégré le fait qu'il est désormais divorcé !!!

Bref… nous nous prenons la tête, pour une connerie, il faut bien le dire… et comme nous nous disputons encore une fois, je lui réponds que de toute façon il n'est jamais d'accord avec moi et si c'est comme ça, je ne déménage pas !!! Et je lui raccroche au nez… Oh, il va bien me rappeler, vu qu'il m'a mise en colère !!!! Bien sûr que je ne le pense pas… et il est bien placé pour savoir qu'on ne dit pas toujours ce qu'on pense sous le coup de la colère… mais il prend ça pour argent comptant !!!! Moi, je ne dois surtout pas, mais lui, il peut !!!

De toute façon depuis une semaine et demie rien ne va plus !!! Il refuse de m'écouter, tout ce que je dis, c'est des conneries, je ne sais rien à rien, il sait tout à tout !!! Et on n'arrête pas de se fritter pour tout et n'importe quoi… Et ça ne me convient pas du tout. Je trime depuis une semaine et demie avec ce putain de crédit, je stresse comme une malade et lui, il en rajoute !!! C'est ça être en couple ???? Et bien bravo !! Moi, je rends mon tablier !!!! Je découvre un personnage qui ne me plaît guère… Celui qui refuse d'écouter et prendre en considération l'avis et les sentiments de l'autre ne me convient pas en tant qu'époux… Je regrette, mais être seule en vivant à deux, je dis NON !!!!

Déjà, je fais une sacrée concession que d'accepter d'aller à Décines dans cet HLM tout moche, alors il pourrait être plus délicat !!! Bien sûr, il est content, il va pouvoir avoir ses enfants !!! Il est à côté de sa mère et de ses frères et sœur, de son magasin… Et moi ? Ah, ça… Il l'oublie. Cet appartement me fiche le cafard, je ne connais pas ce quartier plein de HLM et qui de surcroît craint, selon les propos de JP !!!! Je m'éloigne de ma famille, de mes amis, de mon travail… pour lui, pour nous… Mais ça ne compte pas !!! C'est normal !!!! C'est moi qui fais les concessions dans ce domaine mais « ce n'est pas grave » !!!

Tout irait bien entre nous, ce serait différent mais comme depuis quelque temps ça dérape… ça me fiche encore plus le cafard !!!! Non, là vraiment, j'ai le moral au fond des baskets. Ce n'est vraiment pas cool !! Qu'est-ce que j'ai à lui reprocher depuis une semaine et demie ? Le fait qu'il refuse catégoriquement de me prévenir de ses retards : il sait ma souffrance mais refuse de la prendre en considération. Bon OK, c'est sa façon de vivre… toujours en retard et sans prévenir… OK… mais alors dans ce cas, pourquoi ses amis ont droit à ce coup de fil salvateur et pas moi ? Ensuite, il refuse d'écouter dès que je ne suis pas d'accord avec lui. Il refuse toute critique. Lui, il sait comment faire. Il a même la science infuse ! Quel bol !!!

Il ne m'accorde aucune attention depuis le week-end dernier, aucune considération. Je l'ai laissé totalement libre de ses faits et gestes, comme d'habitude remarque !!! Je me suis donc trouvée à m'occuper moi aussi, et il n'a même pas essayé de communiquer avec moi, comme si je n'étais pas là !!! Ça ne me convient pas.

Bref, si le tir n'est pas rectifié rapidement, si cette crise ne passe pas dans les plus brefs délais et s'il refuse d'avoir un peu plus de considération pour moi, notre mariage est fortement compromis. Je souhaite que nos attitudes respectives actuelles soient dues au stress et qu'elles cessent rapidement. Je refuse de m'unir à un homme qui ne me considère pas et me prend pour une conne qui ne sait rien sur rien et qui dit n'importe quoi !!!! Alors, c'est soit il révise très vite son jugement sur ma personne, soit nous cessons vite cette liaison qui devient dangereuse. Je veux qu'on me respecte dans mon corps et dans mon intégrité mentale et intellectuelle. Non mais pour qui se prend-il ? Pour un dieu ? Il est certain qu'il ne se prend pas pour de la merde et il a raison mais il ne faut quand même pas abuser et savoir rester humble !!!!

JP, tu me lâches aux moments où j'ai le plus besoin de toi, de ton soutien. Hasard, fuite ? Si tel est le cas, je refuse de vivre avec un homme qui ne me considère pas et qui fuit quand je me sens faible. Un peu d'attention, d'affection, de considération, de respect, dans un couple, n'est-ce donc pas légitime ? Je t'aime, oui MAIS je refuse de vivre avec celui qui ne me voit plus. Je crois que je mérite d'être aimée et entourée d'affection et d'aimer et d'entourer d'affection celui-ci en retour. Si tu ne t'en sens pas capable, passe ton chemin ami, je ne veux plus être malheureuse. Je crois qu'il vaut mieux être seule seule que seule à deux. Au moins, tu sais à quoi t'attendre. Car seule à deux, c'est vraiment frustrant. Je ne veux pas avoir constamment à te solliciter ou à quémander ton attention, ton affection, ton amour. J'avais cru comprendre que tu étais quelqu'un de très à l'écoute de l'autre, très doux et patient… Vois, avec ton ex-femme et ton ex tout court, Corinne… elle, elle est mal, donc elle a le droit de te solliciter, et tu peux lui accorder ton attention et ta compassion, c'est normal… Mais, et moi, je ne mérite pas cette écoute ? Je n'ai pas le droit à cette considération-là ? J'ai l'impression en ce moment que tout passe avant moi !!! Enfants, appartement… je ne demande pas à être ton unique centre d'intérêt, je veux juste un peu d'attention et d'affection !!! Est-ce vraiment trop en demander ?

14 décembre 2002 :
3 heures du matin…

Hier soir repas de Noël avec l'agence… Rien n'est passé… il faut dire que depuis le fameux coup de fil de JP où je lui ai raccroché au nez, soit le douze novembre, je n'ai plus de nouvelle !!!! Très énervée de ce silence que je trouve lâche, je lui envoie un SMS : Bon, tu ne vas pas faire comme avec toutes tes autres ex, le silence lâche et les pertes inutiles. On dit que tu viens récupérer tes affaires demain midi ? C'est bon, j'ai compris.

Bah oui quoi !!! J'ai compris que s'il ne me donne plus de nouvelle, c'est qu'il ne veut plus me voir, qu'il souhaite rompre quoi !!!

Et il ne répond pas. Je lui envoie une deuxième fois… toujours pas de réponse alors qu'ils sont transmis. Je lui téléphone… Il est chez Julianne… Il m'accuse de tous les maux et dit que mon attitude est déplorable, etc. Il tente de me culpabiliser… tout est de ma faute !!! Je lui demande alors s'il me « vire ». Il ne répond pas… J'insiste, je veux savoir, il est hors de question que je reste dans le doute… Il me répond que OUI, en effet, il me « vire » !!…Coup de massue… Je suis désemparée… voilà ce qui clochait depuis tout ce temps, il voulait me quitter et ne savait pas comment me le dire !!!! Je téléphone à Carine qui vient immédiatement… Elle et Kim restent avec moi jusqu'à sept heures du matin… Ensuite j'ai RDV avec le banquier… mon crédit de trente-trois mille euros ne passe pas, il ne m'en prête que dix-huit… et merde… ça continue… je vais ensuite chez maman, je lui explique la situation… je souffre… Je vais voir le Docteur Peuplier qui me fait beaucoup de bien… Si ça ne va pas lundi, je lui téléphone et on avisera… je voudrais m'endormir et me réveiller seulement quand ça ira mieux…

Surtout je ne rentre pas chez moi entre midi et deux car je ne veux pas croiser JP en train de remballer ses affaires. Mais lorsque je rentre vers 16 heures… rien n'a bougé !!! Toutes ses affaires sont encore là !! Bizarre… Finalement il me téléphone vers dix-sept heures pour passer. Je lui dis OK, mais en fait, je voudrais seulement discuter et qu'il revienne quand je serai repartie pour aller chez Carine. Pas de chance, il n'a pas le temps de discuter car son frère l'attend dans la voiture. Tant pis. Décidément même pour notre rupture, il n'a pas de temps à m'accorder !!!

Ce soir, je dîne chez Carine… je m'y endors même… après avoir envoyé un SMS à JP lui disant que si réellement nous nous aimons rien n'est perdu car les rêves se construisent à deux. La balle est dans son camp. Je me réveille vers trois heures et demi… JP a répondu à mon SMS… tardivement à quatre heures vingt : « écrire adieu pour terminer le mot que tu me laisses sur mon clavier ! Tu t'imagines le mal que cela peut faire de la part de la femme que l'on pense de sa vie ? PS : j'aurais sans doute oublié quelques affaires, merci de me les mettre de côté. Je t'aime ». Alors à quatre heures trente je lui réexpédie mon dernier SMS plus celui-ci : « PS : c'est celui-ci le dernier message que je t'ai envoyé et ce n'est pas une fuite » alors il me téléphone, nous discutons et nous nous retrouvons chez moi à six heures du matin…

Lundi 16 décembre 2002
Les décisions de JP

Nous ne nous marions pas le 10 mai 2003. JP pense qu'il vaut mieux décaler notre mariage. Ça me fait mal, même si je sais que quelque part, il doit avoir raison. Nous reprenons tout dans l'ordre. Il s'occupe de son appartement et me laisse le temps de me faire à l'idée de déménager. Moins de stress, pas de date butoir. Nous apprenons à nous connaître, à échanger les clés qui nous permettront de nous décoder. Si tout va bien, nous nous fiançons le 10 mai avec la famille et les intimes. Nous nous laissons le temps pour nous marier.

Voilà, il faut donc tout annuler pour le 10 mai, mairie, salle, gîtes, traiteur. Je lui rembourse ma robe…

C'est douloureux. C'est quelque part un échec même si, comme dit JP, l'échec eut été que nous nous séparions. Mais ça fait mal quand même. Il dit qu'il veut malgré tout m'épouser et construire avec moi mais qu'il a peur. Je ne suis pas convaincue à cent pour cent que nous nous marierons. C'est comme faire deux pas en arrière.

Il y a quand même quelque chose que je me demande et que je souhaite lui demander et avoir une réponse honnête. Pense-t-il qu'entre nous ça peut fonctionner réellement, sincèrement, au fond de son cœur ou bien agit-il comme avec Christelle, la mère de son troisième enfant, avec qui il s'était remis, sachant pertinemment que ça n'aboutirait pas ? J'ai besoin de savoir ça et qu'il soit honnête.

Je vais demander à JP de bien vouloir s'occuper de l'annulation de notre mariage car je m'en sens bien incapable… et c'est un peu normal… que je m'en sente incapable puisque tel n'est pas mon souhait mais le sien. Je suis désillusionnée. Et c'est d'autant plus douloureux que, dès le départ, nous savions que les délais étaient courts, mais JP m'avait promis que nous y arriverions. C'est donc une double désillusion.

Je suis allée à la salle de relaxation cet après-midi pour me faire aider et ça m'a fait beaucoup de bien. Ça m'a apaisée.

Je souffre toujours autant mais je vais arriver à prendre de la distance… par contre pour l'instant, je suis allergique au mot mariage et tout ce qui y est associé.

Aujourd'hui je ressens que puisque JP annule notre mariage du 10 mai, je n'aurai plus jamais envie de me marier. S'il me le redemandait bientôt, je ne pourrais pas accepter… chat échaudé !

Je me sens trahie à plus d'une raison. C'est lui qui m'a demandée en mariage. Malgré le court délai, il m'avait promis que nous y arriverions. C'est lui qui veut annuler ou décaler comme il dit… pour moi, c'est pareil, le résultat est le même, nous ne nous marierons pas le 10 mai… ; Mais plus tard !!!! Peut-être !!!! J'étais tellement heureuse quand nous avons acheté nos vêtements !!!

17 décembre 2002

À dix-neuf heures trente, alors que j'étais chez Mum's, JP me téléphone sur mon portable (il m'avait laissé un message à la maison à dix-neuf heures) pour me dire que ce soir il doit travailler tard et que demain il a ses enfants (comme chaque mercredi, comme d'habitude quoi !) Et que donc, il ne pensait sans doute pas rentrer dormir avec moi. Décidément ce mois-ci, tous les prétextes sont bons pour ne pas venir me voir !!! Il persiste et signe !!! Et il raccroche en me disant juste… « Bisou »… c'est tout lui ai-je dit ? Quand même, on ne va pas se voir de toute la nuit et même pas un « je t'aime » ou un mot gentil… bref… Il m'a répondu « mais si, mais là je suis absorbé par mon travail »… « et alors, tu ne peux pas déconnecter cinq minutes le temps qu'on passe au téléphone ? Nous n'allons tout de même pas recommencer les mêmes erreurs ? Bon allez, je t'aime bonsoir. »

D'ailleurs Mum's m'a demandée les disques qu'elle m'a prêtés ça fait un bon bout de temps… Je devais les faire graver… enfin JP doit me les graver depuis plus d'un mois, mais… ce n'est pas fait… comme d'autres choses… le spot de la cuisine… il oublie tout le temps quelque chose !!!! Quel écervelé quand même !!!

Donc voilà, ce soir, au téléphone moyen moins comme s'il n'avait pas entendu ce dont nous avons discuté récemment. Il ne cesse de me dire qu'il me laisse le temps pour venir vivre chez lui. Je ressens qu'il ne tient pas à ce que nous vivions ensemble… avant longtemps… ou jamais ?

Encore une désillusion ?

Je n'ai pas envie que nous vivions chacun chez nous… d'ailleurs ce n'est pas logique pour apprendre à se connaître et se marier !!!!

Je lui envoie un SMS en rentrant chez moi : « bonne soirée. Travaille bien. Bisous. Je t'aime et je pense bien à toi. Tu me manques. Peut-être à cette nuit ? PS ça me ferait plaisir si tu peux. A+ »

Sa réponse : « je fais mon possible… Et je t'aime et je pense à toi à chaque instant. Mille baisers. »

Je re : « quand nous vivrons ensemble, même quand tu travailleras tard, je pourrais te faire un p'tit câlin au passage. Chouette. Bisous. »

Pas de réponse… soi-disant il ne l'avait pas vu…

Puis un autre de ma part : je t'aime et j'ai envie que nous construisions ensemble et non pas loin l'un de l'autre. Je n'ai pas envie que nous vivions chacun chez nous car alors, comment s'apprivoiser et construire ? Bonne nuit. Tendres pensées.

Pas de réponse !!!! Il est sans doute trop occupé !!! Tant pis…

18 décembre 2002 :
9 heures du matin

Déçue un peu… Prévenir à dix-neuf heures trente que finalement, il ne rentre pas car il a beaucoup de travail est moyen moins. Ne le savait-il pas avant ? Il a eu le temps de voir le copain de Julianne pour lui acheter sa machine à laver dans l'après-midi… alors que j'en possède une… y a comme un truc qui m'échappe… Mais pas moi dans la nuit ? Frustrant !!! Et en plus cinq minutes de conversation lointaine où il ne décroche pas de son boulot préoccupant !!!

Inattention de sa part… Une fois de plus…

Et même pas un petit SMS à mon réveil… dommage… ça m'aurait fait plaisir et il le sait bien. Il est vrai qu'il m'a habituée, à nos débuts, à être inondée de messages !!! Ça fait un sacré changement !!! Je me demande finalement s'il ne le fait pas exprès. Il me cherche un peu je crois.

OK, il ne veut plus m'épouser le 10 mai, il ne veut plus que nous vivions ensemble… tant pis, il faut me faire une raison… être patiente et avoir confiance en la vie, tout simplement. Pour l'instant, je ne suis pas comblée, je ne suis plus remplie de bonheur, je ne ressens plus cet amour qu'il disait me porter… à moi de ME rendre heureuse.

Hier matin, il avait proposé de descendre la poubelle et elle est toujours là !! Ce n'est pas grave ! Encore de l'inattention !!! Mais ce n'est pas sympa non plus. Elle est lourde !!! Autant que lui sur ce coup !!!

Ce n'est pas possible autrement, il le fait exprès, il cherche, il me pousse pour voir jusqu'où je vais aller, pour me faire craquer… raté !!! Tant pis… peut-être devrais-je remercier la providence ?

À force de réfléchir et de discuter voici ce que j'ai décidé de demander à JP : nous vivons ensemble dans les plus brefs délais… Je n'emmène que peu de meubles… Nous nous laissons jusqu'à fin février pour annuler notre mariage. C'est ce que je vais lui demander ce soir… Car je ne trouve pas d'autre compromis aussi simple et aussi logique. Et puis ce sera un test pour savoir s'il me dit la vérité en affirmant qu'il veut toujours m'épouser.

15 h 30 SMS de JP (je suis chez le coiffeur en train de me faire belle pour ce soir !!!)

Coucou… c'est le loup… où est la brebis ? Plein de bisous mordants.

Je réponds : la brebis se serait-elle égarée ? Hé hé… On se voit ce soir ? Doux baisers.

De JP à Zoé : Le loup effectue un dur labeur… Il en a un peu assez mais il n'a pas le choix… Le loup voit la brebis ce soir vers vingt et une heures… par contre demain il partira très tôt.
On fait mieux comme message mais je m'en contente…
Je réponds : ça marche, vingt et une heures… tu auras dîné ?
JP : Non, je ne pense pas…
Zoé : Endives au jambon ?
JP : Endives au jambon ? La réponse est oui !

Il dit 21 heures… Je pense 21 h 30… si c'est plus tard, même avec un coup de fil, je risque de ne pas apprécier.

Il est 20 h 45 !!!

21 h 15 On r'met ça ???? Toujours personne… Là, je crains qu'il ne le fasse exprès… pas cool… Je prends mon téléphone… Ça ne répond nulle part… Messagerie… Encore moins cool… Je laisse un message sur son portable… Instrument pourtant sensé être très pratique pour joindre quelqu'un… « JP c'est moi, je t'attends A+ »
À suivre… viendra, viendra pas ???

Je lui laisse un autre message calme mais triste où je lui demande ce que j'ai fait pour mériter ça…

21 h 25 Il le fait exprès… et là, ça suffit !!!! Il se moque de moi !!!! C'est gratuit et méchant !!! Est-ce que je mérite vraiment ça ?
Bon je commence quand même à me faire du souci sérieux. Comme il m'a dit qu'il faisait de l'électricité chez lui, il s'est peut-être électrocuté ??? Il ne manquerait plus que ça !!! Bon allez, je vais voir…

22 heures : je pars… Je pleure aussi… et là, miracle, je suis en voiture, il est 22h30 et le téléphone sonne… « Tu es chez toi ? » « Non, je suis en voiture, j'allais chez toi »… « Je suis désolé, j'étais au travail… Je n'ai pas vu l'heure »… « OK je rentre ». Et nous nous retrouvons à la maison… je lui demande seulement s'il n'y a pas un téléphone sur son lieu de travail… Son portable était resté dans sa voiture… très prudent !!!! Et je lui sers ses endives au jambon… moi je ne mange pas, ça ne passe plus ! !!!

19 décembre 2002

Franchement, hier soir, j'ai été trop top !!!! Calme, pas d'agressivité, pas de crise, pas de larme et même sympa !!!!

JP a culpabilisé tout seul… Peut-être encore plus que si j'avais été en colère !!!! Il a quand même tenté de me faire porter le chapeau, de me faire croire qu'il se sentait mal car il ressentait une certaine agressivité émanant de ma personne… Je l'ai remis tout de suite à sa place… « Non, tu ressens sans doute ma souffrance… mais, t'ai-je fait une scène, suis-je agressive, en colère ? » « Non »… Et voilà !!!… Et j'ai rajouté : « tu culpabilises tout seul… tu es seul sur ce coup et je n'y peux rien »

Mais franchement sur ce coup, je suis contente de moi !!! Trop bonne !!!!

20 décembre 2002

Au moins les choses sont claires aujourd'hui !!!! JP m'a avoué hier soir, il a fallu lui tirer les vers du nez, le fond de sa pensée. Il n'est plus sûr de vouloir m'épouser et c'est pour ça qu'il veut « reporter » notre mariage. L'épisode de la crise à cause de ma remarque sur son comportement à l'égard de ses enfants et le fait que Fabien soit venu me consoler et que lui, je l'aie repoussé l'a beaucoup fait souffrir. Il me pardonne soi-disant, mais il a découvert un autre personnage en moi. Il croyait que j'étais cool, attentionnée et gentille… et finalement, « je lui ai menti », je ne suis pas celle-là… du coup, il se sent trahi et humilié… Il n'a rien fait qui mérite mon attitude ce soir-là !!!! C'est en tout cas ce qu'il pense et ressent…

Comme il est de mauvaise foi quand même !!!! Il m'a juste fait souffrir au point de me faire péter un câble et que je n'aie plus envie de vivre tellement il a été méchant mais à part ça il n'a rien fait !!!!! Lui, mon bourreau s'est senti trahi et humilié !!!! À part ça, tout va bien ??

Il oublie vite ses maladresses quand même !!!! Voilà donc pourquoi il remet en cause notre mariage… Et il ne veut pas croire que Fabien est mon ami car il ne l'avait jamais vu… mais, comme je lui ai rétorqué… « il y a encore d'autres amis que tu ne connais pas !!»….

Bref mon attitude sur ce coup a encore été exemplaire… quel zen !!! Je me retrouve enfin !!!!

Je refuse de m'engouffrer dans ma douleur… tu sais, celle qui fait tellement mal que tu as envie de tout envoyer bouler y compris et surtout ton bourreau, celui qui te fait souffrir… Je veux aller de l'avant !!! Et c'est même moi qui ai consolé JP de vouloir annuler notre mariage et de me faire souffrir !!!! C'est un comble quand même !!!! Par contre, je refuse de m'occuper de l'annulation… Je prends également le temps, en choisissant et pesant mes mots, de lui expliquer que l'une des plus grosses humiliations et déceptions dans la vie d'une femme, c'est quand même quand l'homme qu'elle aime et qui l'a demandée en mariage, lui avoue que, finalement, il ne sait plus s'il souhaite l'épouser. Je lui exprime clairement que je me sens trahie dans la mesure où il revient sur sa promesse. Qu'en plus, c'est une humiliation publique dans la mesure où tout était prêt (pas grâce à lui… puisque j'ai effectué plus de la moitié des démarches… Mairie, Salle des fêtes, gîtes, traiteurs…) et que beaucoup de gens étaient avisés et invités. Néanmoins, il ne récupère pas le dossier… je me demande bien pourquoi ??!!!

Peut-être devrais-je remercier la providence de ne pas épouser JP. Un homme qui s'emballe et rue devant le premier obstacle…

Hum… pas assez solide ? Lui peut me décevoir et m'humilier mais moi, je n'ai pas droit à l'erreur. Hier soir, il a accepté la moitié de ma proposition à savoir vivons ensemble rapidement. Mais pas la deuxième qui était de nous laisser le temps d'annuler notre mariage. Bref, cela signifie que ça me laisse plus que le temps nécessaire pour emménager chez lui, dans son appartement… et je vais attendre qu'il me le demande… s'il le veut toujours, il me le demandera sinon tant pis… De toute façon qui vivra verra… n'arrive que ce qui doit arriver. Puisque le mariage signifie la même chose pour nous deux et qu'il le renie, il me faut vivre pour moi. Mon travail, ma famille et mes amis seront là… Une sorte de refuge… Le travail étant aussi un palliatif… Ma famille et mes amis sont une valeur sûre, eux au moins. Je sais désormais que je ne peux pas compter sur JP… Il a tellement ébranlé la confiance que je lui portais. Alors voilà, je ne lui fais plus confiance et je vais faire avec, c'est ainsi. Mais je veux qu'il se débrouille tout seul pour annuler le 10 mai. Et je ne viendrai pas chez lui tant qu'il ne me le demandera pas clairement. Je lui laisse ainsi tout le temps dont il a besoin pour « cicatriser » et moi, je refuse de m'enfermer dans mes souffrances, je veux vivre heureuse car, comme tout un chacun, je le mérite.

21 décembre 2002

Ce matin, JP est parti relativement tôt. Je me suis levée et j'ai fait ce que j'avais à faire. C'est l'anniversaire de Maman et nous sommes conviés à Montchat, JP, ses enfants et moi… Nous avons rendez-vous à onze heures trente chez moi mais, comme de bien entendu, il est en retard… il m'a quand même téléphoné pour me prévenir !!!! Donc rendez-vous chez maman, où il arrive à midi et demi bien tassé… Vers seize heures il part travailler au magasin et je garde les petits… Je les ai ramenés chez leur mamie vers vingt heures trente, ils ont mangé et se sont bien amusés… Et bien on s'est fait presque engueuler !!!! Elle voulait qu'ils rentrent vers dix-huit heures pour le bain !!! Mais moi, je ne le savais pas !!! Et puis, elle a tellement pris l'habitude de les élever que du coup… Ça a dû lui faire drôle de ne pas les avoir… et c'est bien compréhensible… Bref, c'est pas grave… Par contre JP m'a fait beaucoup rire… en douce bien sûr, quand il a dit à sa fille qu'une promesse étant une promesse, on n'a pas le droit de la rompre. Faites ce que je dis, pas ce que je fais !!! Ah les hommes !!! Bla bla bla !!!

Enfin, ce soir nous avons fait l'amour !!!! Une fois par semaine ce n'est pas de trop !!! Il me faudrait peut-être un amant ???? Rires… (jaunes)

22 décembre 2002

Ce matin JP est parti vers 9 heures. Je fais ce que j'ai à faire. Nous nous retrouverons dans l'après-midi. En fait, je les rejoins à Décines vers 14 h 30.

Je ponce… tous les murs… Puis, je ramène les petiots chez leur mamie, je leur donne la douche et on attend JP pour aller chez Mac Do… Il tarde… Les enfants s'impatientent… Je suis obligée de lui téléphoner deux fois… même sa maman ne comprend pas qu'il tarde ainsi. Bref… Ensuite nous revenons, les petiots au lit et JP traîne devant un film. Je suis fatiguée et je m'endors devant. À mon réveil, je lui demande de rentrer enfin… Il veut boire un café !!! Qu'à cela ne tienne !!! Il se prépare son café, comme s'il n'y en avait pas chez moi !!! et il me rejoindra ensuite dans une dizaine de minutes !!! OK, ça marche.

23 h 30 : Là, JP, tu m'as vraiment fait un coup bas… Entre le Jour de l'An, tu ne sais même pas si tu veux le passer avec moi !!!… et le coup de « je bois mon café et j'arrive » et que, à peine arrivée chez moi, tu m'appelles pour me demander : « Ça ne te dérange pas si je reste chez ma mère, je suis fatigué »… Et bien si, ça me dérange !!! En fait, ce qui me dérange le plus ce n'est pas le fait que tu restes chez ta mère, bien que… C'est la manière de procéder que je trouve encore une fois lâche !!!! Si vraiment, comme tu le dis si bien, tu étais vraiment usé, ne te serais-tu pas couché avant le film ? Tu n'as tout simplement plus envie d'être avec moi, il faut bien l'avouer. Au mois de décembre tous les prétextes ont été bons pour découcher au minimum une fois par semaine !!! Tu as rencontré quelqu'un d'autre ou bien ??? Ça expliquerait pas mal d'attitudes… C'est drôle, je suis en train de taper sur mon clavier et j'entends une voiture qui fait le même bruit que la sienne, ce bruit typique de la courroie qui patine… Mais il semble que ce ne soit pas lui, puisque personne ne sonne… C'est étrange mais je réalise que ce n'est pas la première fois… Connaît-il quelqu'un dans le quartier qu'il vient voir ? Tiens, il faut que j'en aie le cœur net, je vais descendre faire un tour voir si je repère son auto… Ça serait bien le comble de l'hypocrisie !!! Il m'avait dit qu'il avait une amie dans le huitième… Je pensais que c'était un mensonge… Peut-être pas finalement… peut-être encore une ex ??? Bref, j'ai autre chose à faire que descendre faire l'espion !!!!

Et encore bref, pour en revenir à mes moutons… Avant, malgré le peu d'heures de sommeil, il venait toujours me retrouver… Il lui paraissait impensable de passer une nuit sans moi ou loin de moi… j'étais indispensable à son « équilibre » !!! Maintenant, ça devient presque routinier !!!! Moi je fais tout pour que nous nous retrouvions et lui, il fait tout pour m'éviter, comme pour me rejeter… Je ne peux pas le forcer à m'aimer… et oui, cette fois, c'est moi qui l'écris… mais cette fois, c'est justifié !!!

Je me déteste… Je voudrais écrire encore, mais à quoi bon ??

De toute façon, le premier homme de ma vie, celui qui aurait dû m'aimer le plus ne m'a pas aimée !!!! …Pourtant je le méritais, et il me le devait… Je sais, ce n'est pas ma faute… j'en ai bien conscience aujourd'hui. Alors comment d'autres, qui ne me doivent rien, pourraient-ils m'aimer ???

Pour explication quand même… Lorsque JP a su que son ex, Christelle était enceinte, il est retourné vivre avec elle, sans grande conviction dit-il, sachant pertinemment que ça n'aboutirait pas.

Mais selon lui, il lui devait bien d'essayer puisqu'elle attendant son enfant !!! Par contre, à moi, il ne me doit rien, dit-il. Alors comme ça, quand on demande quelqu'un en mariage, on ne lui doit rien ? Quand on lui promet de l'épouser tel jour, on ne lui doit rien ? Les promesses n'ont donc aucune valeur ? Quel étrange personnage quand même !!!

Quelle importance ai-je donc à ses yeux ? Même si je le mérite ? Lui qui dit m'aimer, fait passer un film télévisé vu et revu, quinze minutes de route et trente minutes de sommeil et j'en passe… avant moi !!!!

Là, je crois que pour aujourd'hui, j'ai ma dose !!!!!

Minuit : JP n'a aucune parole… AUCUNE… Il me dit, je bois mon café et j'arrive… et cinq minutes après… je ne viens pas. Il me dit « à ce soir » et je ne le revois que deux jours après !!!! Il me dit, je veux repousser notre mariage pour mieux le préparer sereinement et en ayant l'argent nécessaire car je veux toujours t'épouser, en fait ça veut tout simplement dire, je ne suis plus certain de vouloir t'épouser… Il parle, histoire de parler… mais il n'a pas de couille ce mec !!!!! Il est d'une lâcheté exemplaire !!!

Comme j'attendais son appel, il m'avait dit quand j'étais dans ma voiture qu'il me téléphonerait à la maison… j'attendais… Même si je lui avais dit que ce n'était pas la peine… C'est moi qui l'appelle… Il dit que je me fais un film… bla bla bla… Bref, je lui demande de bien vouloir me téléphoner quand il aurait envie de me voir car j'en ai un peu marre de me faire rejeter. Il n'est pas d'accord prétextant que j'abuse, que je me fais des films, que je suis « excessive », etc., mais j'insiste bien là-dessus… c'est LUI qui me téléphonera quand il voudra bien me voir… J'attends donc son prochain appel. Et voilà… Bonne nuit !!!!

Je me demande pourquoi, quand je lui ai demandé ce qu'il comptait faire pour le Jour de l'An, il m'a répondu qu'il avait prévu de le faire en Bretagne chez Jacques avec Julianne mais qu'il allait annuler… Pourquoi annuler ? C'est génial un Jour de l'An en Bretagne !!!!

Y a-t-il en fait autre chose que je devrais savoir?????? Est-ce que Julianne et Jacques me détestent??? Et il ne veut pas non plus le faire chez Mapie… Alors je lui ai dit que, quoi que nous fassions, je voulais savoir s'il comptait le passer avec moi… Et la… le flop… pour moi… « Je ne sais pas »… Boum… Je sens les larmes qui me montent aux yeux… bon, je vais fumer un cloppe dehors… Et là je verse toutes les larmes que je peux… quel salaud!!!

Et si je ne lui en avais pas parlé? Qu'aurait-il fait? Qu'aurions nous fait? Chacun de notre côté mais en douce??? Lui me dit que si je veux le faire avec mes copines il ne m'en empêchera pas… ça ne lui fait rien… Et bien moi, ça me ferait hiech de le faire chacun de notre côté!!!! Comme quoi, en fait, il voulait bien aller en Bretagne avec ses amis, mais sans moi!!!! Décidément, il fait bien de vouloir annuler notre mariage!!! Au vu de tout ça, c'est plutôt logique!!!! Mais là, quand même, j'en ai un peu gros sur la patate comme on dit!!!!

23 décembre 2002
Le début de la fin.

18 heures Aujourd'hui, j'ai fait toutes mes cartes de vœux. Je pense n'avoir oublié personne… Sinon qu'on me pardonne… Je suis un peu perturbée quand même!!!! Toujours pas de nouvelle de JP. Pas de nouvelle, pas de mauvaise nouvelle!!! Je plaisante, car en fait, c'est plutôt de mauvais augure!!!!

Bref, sinon, rien de neuf… Ah, si… Riri a pris un an ferme pour violences conjugales… Pete pensait me remonter le moral en me disant cela… mais alors c'est ratage complet… Riri a tout perdu et ça craint et ça me fait de la peine pour lui…

Sinon, il faut que je me fasse à l'idée que finalement, entre JP et moi il n'y a plus grand-chose… même plus le sexe!!! Ou si rarement!!!! Mais pour lui, j'en demande trop!!!! Il ne sait à priori plus me donner ce qu'il a très bien su me donner, ce dont j'ai besoin… Qui veut le plus peut le plus!!! Et qui veut le moins, peut le moins n'est-ce pas?

Je suis cette fois complètement désillusionnée. C'est le début de la fin… et lui ne se sent absolument pas coupable, ni responsable… oh que non… Ça tombe bien, moi non plus !!!! Voilà… Il n'y a rien à rajouter pour l'instant.

Il y a quand même quelque chose qui me chagrine, c'est que de son côté, il semble tout blanc… Personne ne prend ma défense en lui disant d'arrêter d'exagérer ou d'être honnête au moins une fois dans sa vie… non, tu me diras, il faudrait entendre sa version des faits… Le pauvre, il souffre, je le fais souffrir, lui, il n'a rien fait pour mériter ça et n'a rien à se reprocher, il est blanc comme neige, l'innocent aux mains pleines !!!! Il est la victime et moi le bourreau !!! Il y a quand même de l'abus parfois !!

19 h 30 Dans la vie, parfois, il ne faut pas trop insister, car c'est peine perdue… il faut reconnaître les signes avant-coureurs de la défaite… J'ai eu tort de m'accrocher ou de m'attacher à JP. À cette image qu'il m'avait donnée à nos débuts. Il faut savoir reconnaître ses limites. Nous les avons sans doute dépassées tous les deux. Il ne m'aime plus ? Je vais apprendre à ne plus l'aimer, à l'oublier !!! À quoi bon aimer un être qui ne m'aime plus ??? À quoi cela peut-il servir ???? C'est médiocre…

Le personnage que je côtoie aujourd'hui n'a rien à voir avec celui que j'ai cru connaître… c'est l'image qu'il m'a donnée que j'aime et le bonheur qu'il m'a fait miroiter… Il faut me rendre à l'évidence !!!! Cet individu froid, égoïste et fatigué parce qu'en ce moment il fait des heures !!! C'est vrai, il n'a pas l'habitude !!! Celui-là ne ressemble en rien à l'homme que j'aime. Alors il me faut être réaliste et savoir dire stop puisque lui n'en a visiblement pas le courage !!! J'aurais néanmoins apprécié qu'il ne m'abandonne pas sans un mot, avec pour seul adieu son silence déchirant… Qu'il soit honnête… Mais j'en demande sans doute encore une fois trop…

Et oui !!! C'était trop beau pour être vrai !!! Il faudrait toujours pouvoir se pincer avant la chute… car là, ça fait mal !!!! Très mal !!!! Mais n'est-ce pas à force de tomber qu'on apprend à marcher ??? Ça fait quand même mal de tomber !!!!

22 h 17 : Dans la vie, il ne sert à rien de nier l'évidence. Il est vain de s'accrocher à des bribes de rêves, à une illusion et en plus ça fait souffrir… Il faut accepter et ensuite, c'est plus facile !!! En fait, appuyer là où ça fait mal pour avoir ensuite moins mal et devenir en quelque sorte « raisonné » et « raisonnable ».

Je me raccroche depuis plus d'un mois à un rêve qui s'est effrité, comme à une vieille photo usée. C'est l'amour que je portais à cet homme qui s'est usé… IL l'a usé… À force de maladresses, de dérapages incontrôlables et incontrôlés… oui, il faut accepter l'évidence… Nous nous sommes déchirés… Ce fut une passion, un rêve merveilleux mais une passion qui finit comme toutes les passions dans la souffrance en se déchirant. Ce fut. La vie, nous, nous nous sommes chargés de remettre les pieds sur terre avant de commettre une bêtise. C'est bien. C'est une sacrée leçon que nous donne la vie, que nous nous donnons. J'espère que je saurai en tirer une vraie leçon de vie, de mieux vivre et de mieux aimer. Je suppose que, la douleur et la désillusion s'estompant, je n'en serai que plus forte. J'espère ne pas ressortir de cette épreuve aigrie et blindée. Ne jamais s'attacher à une apparence, ni s'y fier, mais creuser, tout le temps, savoir décrypter les signes avant-coureurs, les signes annonciateurs, écouter son cœur, oui, mais sa raison aussi… Car tout ce qui arrive aujourd'hui, quelque part, en me relisant, n'est pas tellement étonnant… Il y avait quelques signes que j'aurais dû voir, mais je ne le voulais pas, j'étais si bien dans ce merveilleux rêve d'amour… Bien fait pour moi… bonne leçon…

Voilà, ainsi s'achève une étape de ma vie, il va me falloir tourner une page afin d'aller de l'avant. À suivre.

Mardi 24 décembre 2002, veille de Noël…

11 h 30: Lors de notre dernière conversation téléphonique, soit dimanche aux environs de minuit, j'ai demandé à JP que ce soit lui qui me téléphone quand il aurait envie de me revoir… il ne voulait pas, il voulait que ce soit moi, mais j'ai terminé notre conversation en insistant là-dessus, en lui disant que j'en avais assez de me faire rejeter et que j'attendais qu'il me téléphone s'il le voulait bien. Depuis, plus de nouvelle !!! Je suppose donc qu'il ne veut pas me revoir. Ainsi s'en va-t-il en silence… Lors de notre dernière dispute, c'est moi qui lui ai tendu une perche… et j'ai ainsi lancé la balle dans son camp. Toute cette semaine, je suis restée d'un zen exemplaire malgré ses bévues. Cette fois, je ne céderai pas. Ça suffit !!! Qu'il sache ce qu'il veut à la fin !!!! Zut !!!

Alors moi, je devrais me plier en quatre et lui me traiter comme une serpillière ? Ah non !!! Je mérite mieux que ça !!! Et sur ce coup je ne me sens ni fautive, ni coupable, ni responsable !!!!! J'ai fait tout ce qui était en mon pouvoir.

17 heures: je me suis occupée de moi et reposée… un peu de couture, des jeux, musique… cool, tranquille Mimile quoi !!!

Toujours pas de nouvelle de JP; Le silence est l'apanage des lâches, n'est-ce pas ? Ça veut dire beaucoup en fait… mais comme c'est cruel !!!! Ça me blesse profondément mais je ne suis pas complètement effondrée au point de vouloir me détruire. Il semble que j'aie enfin compris qu'il ne sert à rien de forcer le destin ou les gens… Et je m'en sens plus « légère », si je peux me sentir légère avec le cœur si lourd… J'ai ma conscience pour moi, j'ai fait ce que je devais faire, ce que je pouvais faire pour recoller les morceaux… ma foi, maintenant… c'est sans doute que je mérite un avenir meilleur… J'ai confiance en la vie et ce qu'elle me réserve. J'ai retrouvé ma foi, je me suis retrouvée… enfin !!!! Attention, je ne dis pas que je ne souffre pas de cette cruelle désillusion, loin de là, mais il faut savoir tourner la page pour aller de l'avant !!! Accepter et repartir, tout simplement. Gonflée de cet amour qu'on a su me donner… qu'il a su me donner…

25 décembre 2002, c'est Noël !!!
Au diable les réconciliations !!!

Force m'est de constater péniblement que j'avais raison sur toute la ligne. JP ne voulait plus de moi. Son silence est à la fois clair, lâche et cruel. Il m'a promis monts et merveilles et a fuit aux premiers obstacles… Comme c'est facile de mentir finalement !!!! Comme ses promesses ne valent vraiment rien !!!

Hier vers 19h30 je lui ai envoyé un SMS… quand même c'est Noël, le soir du pardon non ????? « Joyeux Noël et bonnes fêtes de fin d'année. » Puisque je n'avais pas de nouvelle !!!! C'est bien qu'il me laisse tomber et qu'il passe les fêtes de son côté ? Non ?? Logique !!!! ?

Il a répondu à 20h11… (après un message de Tom pour me souhaiter un noyeux Joël !!!! Sympa ce Tom, il n'y a pas à dire !!)
« Merci, joyeux Noël et bonheur pour toi de tout mon cœur. » Ne sachant qu'en penser, je l'ai fait lire à Chris et mam qui l'ont trouvé ambigu… et Chris de rajouter… Ouais, ça sent le roussi !!!
Oui, mais pour moi, il n'y a aucune ambiguïté et tant pis pour lui s'il aime à la cultiver, cette ambiguïté… moi je laisse tomber… J'en souffre, oui, d'avoir perdu l'homme que j'ai aimé et qui m'a aimée, mais il faut que je tourne la page… Et aujourd'hui, je me sens capable d'annuler moi-même le 10 mai… puisque le fameux dossier bleu est toujours chez moi… JP n'a pas daigné s'en préoccuper… Par lâcheté ??

26 décembre 2002
Je tourne la page… et même, je ferme le cahier !!!

Tourner la page… oui, il le faut… facile à dire hein ???? Mais j'y arriverai… Il le faut… Il me faut me secouer, me réveiller… me tirer de ce merveilleux rêve qui a viré au cauchemar… Je veux me réveiller, mieux, en me disant que tout cela n'était qu'un mauvais passage, qu'un mauvais rêve… Morphée me joue un vilain tour, me fait une blague d'un bien mauvais goût… Chaque matin, depuis que je n'ai plus de nouvelle de JP, je me réveille en larmes, j'ai mal… Je sursaute à chaque sonnerie du téléphone, je tressaille chaque fois que mon voisin fait claquer la porte du pallier… comme dit F. Cabrel : « Tu comptes les chances qu'il te reste, un peu de son parfum sur ta veste… tu te retrouves seule au fond de l'espace, à bondir à chaque bruit de portière… et ça continue encore et encore, c'est que le début, d'accord, d'accord… C'est toujours le même film qui passe… les mêmes endroits deux fois trop grands… ». Oui, c'est tout à fait ça… mais je ne m'endors plus dans mon lit… la petite chauffeuse du salon me sied mieux pour l'instant… moins de vide…

Bien sûr, je sais, il faut que je m'habitue à son silence, à son absence… Que je cesse de l'attendre, cet homme que j'ai tant aimé et que j'aimerais tant retrouver, celui qui m'a enivrée de bonheur… Mais réveille-toi, Zoé, il n'est plus là !!!! Non, c'est FINI… il ne t'aime plus ! !! Mets-toi bien ça dans la tête !!!! Il t'a déjà oubliée… ou pas… Quelle importance… le résultat est le même… il n'est plus là… Nous ne sommes plus…

N'espère plus rien, n'attend plus rien… Ça fait mal, oui, mais c'est ainsi… Quel gâchis !!! Oh oui, quel gâchis !!!! Comme je me sens misérable et malheureuse…

En même temps, c'est étrange ce calme qui m'envahit… Je m'en étonne moi-même. Comme si toute cette histoire était loin… oui, lointaine comme un songe un peu vague, un peu flou… Non, ce n'est pas moi qui ai vécu tout ça… Mais si pourtant… mais non… Alors tant pis si, aujourd'hui, ma façon à moi de moins souffrir est de rejeter la réalité, de la nier en bloc… Si c'est de croire que tout cela n'était qu'un mauvais rêve… qui ne m'évite pas de souffrir et de pleurer… Mais sans doute que ça fait un peu moins mal ainsi…

Toute cette histoire n'était donc que « juste une illusion… comme une bulle de savon »… ???

<u>Le 27 décembre 2002</u>

Le comble !!!! Petit retour au quotidien. Cette nuit, JP m'a envoyée un SMS (27/12/2002 2 h 53), en voici le contenu : « Pourquoi tu m'as fait et tu me fais tant de mal ? Suis-je si mauvais que cela ? Je ne mérite pas un peu plus ? Je t'aime et je me déteste de le ressentir, tu me fais trop mal et je ne comprends pas ! Tu étais tout ce que j'attendais et tu as tout gâché. Pourquoi ? »

Et voilà !!!! J'ai tout gâché, moi !!! Tout est de ma faute !!! Et bien voyons !!! Il se sauve sans dire un mot et m'en fait porter la responsabilité !!! Sur ce coup, je me demande s'il le fait exprès ou s'il a vraiment un problème de compréhension… Car c'est clair, il ne comprend rien !!! Il ne cherche même pas à comprendre et en tire des conclusions… hâtives. En tout cas, ces messages ne méritent aucune réponse… Il est donc tellement lâche qu'il nie toute part de responsabilité ? Ce n'est pas possible… c'est du délire… dans le plus mauvais sens du terme !!! Il tente encore de me culpabiliser… Raté, complètement raté… je ne marche pas… en mon âme et conscience…

Il est grand temps de tourner la page… alors… à celui que j'ai aimé, que je n'aime plus… et à demain !!!

Un jour je me souviendrai de cette histoire (enfin du début seulement !!! ☺) comme d'un grand moment de bonheur… Uniquement un grand moment de bonheur… Je ne veux garder que le meilleur… Sans heurts et sans pleurs… et retenir la leçon !!!

J'ai reçu mes résultats d'examen… je suis guérie !!! Absolument rien d'anormal dans mes prélèvements !!! Pour une bonne nouvelle !!! C'en est une !!!

28 décembre 2002

Il n'y a pas à dire… le dernier message de JP n'est pas celui que j'aurais pu espérer. Comment peut-il décemment continuer à me traîner dans la boue et me jeter la pierre ainsi ? Ne se remet-il donc jamais en question ? Manquerait-il à ce point de maturité ? C'est trop facile de ne plus rappeler les gens et les accuser ensuite de tout gâcher !!! Il est vrai que cette histoire a un goût amer d'inachevé. Il m'a laissée tomber en douce, sans un mot, alors ce n'est pas à moi de verbaliser notre rupture… Qu'il en ait le courage lui !!!

Je constate en tout cas qu'il n'a pas évolué d'un iota !!! Il est toujours la victime et moi le bourreau qui a tout gâché !!! Je n'attends plus rien de lui… C'est drôle, je croyais pourtant qu'il savait se remettre en question et reconnaître ses faiblesses et ses maladresses. Peut-être lui faut-il du temps pour reprendre ses esprits et avoir les idées plus claires ? Peut-être s'enferme-t-il dans sa douleur et ainsi refuse-t-il d'ouvrir les yeux et de voir la vérité en face… celle qui lui ferait prendre conscience que je ne suis pas seule responsable de ce gâchis. Celle qui le ferait peut-être un peu culpabiliser ?

J'aime à le croire puisque je pensais épouser un homme intelligent. Mais peut-être me trompé-je ?

En ce moment, je rêve beaucoup, je fais aussi beaucoup de cauchemars… preuve que j'évacue et que je gère ma souffrance !!! Quand je me réveille, j'ouvre les yeux, je prends ma respiration et j'explose en larmes… un peu comme l'enfant qui vient au monde non ???

Hier soir, avec mon amie Zinz, nous avions prévu de nous faire un apéro dînatoire chez elle, puis d'aller danser… finalement, nous nous sommes endormies devant la télé !!!! Partie remise !

Je pèse cinquante-trois kilos !!! Ça fait au moins dix ans que je n'avais pas atteint ce poids !!! Zinz me trouve une silhouette

« nickelle »… mais moi, je ne me sens pas particulièrement bien… je me sens un peu « vide » et « plate »… mais ça reviendra !!!!

Aujourd'hui, je fais les magasins avec Zinzin… puis ciné… sympa !!! puis un p'tit punch sur une péniche et à vingt-trois heures, je suis chez moi. Et là… Le déclic… Comment ai-je bien pu continuer d'aimer ce deuxième personnage qui s'ouvrait à moi ? Celui aux si belles promesses… si creuses…

Dimanche 29 décembre 2002
Le réveil… nouvelle vie… nouveau bonheur…

J'ai bien dormi !!! Je me suis réveillée sans larme !!! Mes chats m'ont saluée… je les ai embrassés… « Salut mes chats d'amour !!!!» et « salut la vie !!!… Me voilà !!! »

J'ai envie d'écrire… Je pense à un truc… enfin Mum's m'a rappelée que je faisais ça avant… Quand j'avais un problème ou une décision à prendre, je dessinais un tableau avec deux colonnes… les « pour » ou « plus » et les « contre » ou « moins ». En pensant à JP, je me rends compte que beaucoup de « plus » ont aujourd'hui, eux aussi, « fui » dans la colonne « moins ». Bête et méchant me direz-vous ? Oui… mais tellement clair et évident !!!

La question que j'ai tendance à me poser aujourd'hui c'est : « comment ai-je pu être aveugle et sourde aussi longtemps ? » J'ai vraiment eu de la peau de saucisse devant les yeux !!! Ça n'est pas possible autrement !!! Je me suis laissée éblouir, aveugler par de belles promesses, de faux serments !!! Auxquels je voulais croire et auxquels je me suis raccrochée comme à une bouée… pour sauver un semblant de couple !!!

Aujourd'hui, j'ai enfin retrouvé ma lucidité… je ME suis retrouvée !!!

Et cette fois… oui, mon cœur est léger… je me sens libre… et je fais le serment (pour de vrai !!!!) de tout mettre en œuvre pour ne plus jamais m'égarer !!! Et ne plus jamais oublier de VIVRE !! Et n'ayons pas peur des mots… oui, je vais bien… je me sens finalement plus heureuse aujourd'hui, sans lui, qu'hier avec lui !!!! Alors oui, je suis à nouveau heureuse !!!

Un grand merci à tous ceux qui m'ont lue, écoutée, aidée, soutenue et qui ont été là, tout simplement…

À demain, à la vie… à tout ce qu'elle peut encore me donner, à tout ce que je veux encore en attendre, à tous ceux que j'ai aimés, que j'aime et que j'aimerai… à hier, à aujourd'hui… à demain… à la vie encore et toujours !!!!!!

JANVIER 2003
Épilogue

9 janvier 2003 Bonne année 2003 !!! Meilleurs vœux !!!

Je me porte bien, j'ai repris ma vie en main et j'ai un super moral !!!!

Je trouve juste dommage d'avoir perdu environ mille euros pour seulement douze jours de bien être !!! Et oui, six cent soixante-trois euros de robe de mariée… OK, je vais l'échanger contre un avoir… pour des robes de cocktail !!!… Il va falloir que je me fasse inviter !!! Deux cent quatre-vingts euros de meubles pour l'appartement HLM… Et une régularisation de ma facture d'eau de cent dix euros… (Des bains et des bains… Et oui, moi je n'ai guère le temps d'en prendre plus d'un par mois, mais lui, il avait même le temps d'en prendre le matin… Oh, juste deux ou trois par semaine !!!). Bref, mille euros, c'est toujours moins cher qu'un divorce !!! Et puis c'est fait !! Et pas à refaire !!! Je me demande ce que coûte un gigolo ??? !!! ☺

J'ai également pris contact avec JP pour récupérer les clés de mon appartement et lui rendre les siennes !!! Visiblement, ça ne le dérangeait pas beaucoup !!! Il m'a rappelée qu'il avait également des chemises chez moi et son carnet de chèques… sur ce coup, pas vu de carnet de chèques, il ne se trouve pas chez moi… il courait toujours après de toute façon… quant à ses chemises… dommage… elles ont fait le bonheur de gens qui n'ont pas les moyens de s'en payer… et oui, Emmaüs !!! OK, ça a un air de déjà vu et déjà fait !!! Mais bon… c'est une revanche pas bien méchante !!!

Enfin bref, entre le travail et les sorties diverses et variées, j'ai un emploi du temps bien rempli !!! Pas le temps de m'ennuyer !!! Et que ça roule !!! Je vis… pour moi et pour mon plus grand plaisir !!!!

Alors… Peut-être une suite ???? Au prochain épisode ??!!!!

CRITIQUE DE FREDDY, UN AMI D'ENFANCE DE MA CAMPAGNE, QUI M'A MOTIVÉE ET INCITÉE À CONTINUER…

Je me suis régalé, ton texte est intéressant et pertinent, il reflète une grande sensibilité et beaucoup d'intelligence.

« Les gens n'aiment pas ceux qui ne suivent pas la même route qu'eux » (Georges Brassens)

Et c'est certainement pour cela que tu éprouves le besoin de leur répondre. Et tu fais bien car ils nous « cassent les couilles tous ces cons » ! Surtout ne crois pas qu'ils vont te lâcher si tu te fiances un jour, ils te harcèleront alors avec des « on les marie quand ? », quand tu seras mariée, les « Et le bébé ? » te poursuivront sans cesse, quand tu auras un enfant, les « et le deuxième ? » vont fuser.

Comme ton texte s'élargit heureusement à une réflexion sur le bonheur, je te conseille vivement le livre *L'art du bonheur* écrit par le Dalaï-Lama. C'est un pur chef-d'œuvre.

Tu parles beaucoup de la souffrance et du plaisir. À 35 ans, je crois comprendre que la souffrance est le prix à payer pour l'accès au plaisir et chacun gère sa vie en fonction de sa résistance à la première et de son goût pour la deuxième.

J'aime beaucoup t'entendre décrire (brièvement) ta relation avec le serveur, j'aime le vécu et encore plus quand c'est quelqu'un que je connais qui le raconte. Mais je dois t'avouer que j'aurais aimé en lire les détails.

C'est un peu pour cela que j'ai écrit l'histoire de ma rencontre avec Céline… en détail.

Il est des gens qui se « casent » parce qu'ils en ont marre de galérer de petites relations en petites relations, ils sont « trop cons »… Je te souhaite qu'il t'arrive la même chose qu'à moi : En pleine période de célibat épicurien (Ravi et persuadé que ce célibat souhaité et apprécié durerait encore longtemps), trouver la personne avec qui tu as vraiment envie de continuer et trouver en elle la réciprocité des sentiments. À partir de là, tu te prends pas la tête, tu ne te poses pas de questions, rien ne peut vous arrêter, ni les « cons » ni les défaitistes… ni les kilomètres, les langues ou les nationalités…

Dans le texte, tu oscilles du plus bel optimisme vers le plus grand défaitisme et tu sembles t'en excuser, il ne faut pas en avoir honte car, n'est-ce pas là le rythme de la vie ? (Célibataire ou non)

Quant à la dernière question sur l'autobiographie, il serait bien « con » celui qui oserait la poser. Je ne lis presque plus que des autobiographies, c'est la seule façon de s'enrichir vraiment de l'expérience des autres. Connu ou pas connu, on s'en fout, l'expression écrite est le seul moyen de se livrer vraiment, lis qui veut bien, et comme tu le dis : « Il n'y a pas de mal à se faire du bien ».

Tu devrais mettre tout cela sur Internet, tout simplement. Le monde entier y aurait accès, et comme pour mes textes, le monde entier en fera bien ce qu'il veut en faire…

Merci pour m'avoir fait confiance, compte sur ma discrétion… bien que tu n'aies pas à rougir de tout cela.

Avec toute mon amitié. @ +

Freddy. Mon épouse et mon fils t'embrassent.

Critique de Mel, mon amie d'enfance !! pourtant plus jeune que moi de 10 ans !! Comme quoi !!!

« J'ai lu attentivement tes écrits… Il y aurait beaucoup à dire… trop pour que je le fasse par écrit. En gros, je me retrouve énormément dans ces mots, en toi en fait… Et cela me fait très plaisir que tu m'aies envoyé ces pages, et je pense qu'elles sont très « bonnes » car très humaines, et publiées, elles seraient de celles que, sans te connaître, je lirai avec plaisir et intérêt…

Nous avons, je l'ai toujours pensé, beaucoup de choses en commun… et ceci confirme cela…

J'ai moi-même des problèmes à résoudre et j'essaye de devenir chaque jour plus « sage »…

J'aurais quelques lectures à te conseiller, si tu veux, qui m'ont permis d'avancer sur mon chemin… Je n'arrive pas trop à m'exprimer là, à brûle-pourpoint, surtout que je ne suis pas seule alors…

Remettons à plus tard et peut être à l'oral cette étude de texte et de nos « intérieurs »…

Je t'embrasse très très fort.

À plus tard ! »

De Mel à Zoé vendredi 27 décembre 2002 01:45

Bonjour ! (Car il est plus d'1 heure quand même)

Ton mail est bien paradoxal : tu envoies tes vœux comme si de rien n'était et en pièce jointe, tu balances une bombe. Je viens de tout relire, depuis le début. Et cela ne me rase pas du tout. Toutefois, il y a quelques semaines, je croyais que ta « belle histoire » mettrait un beau point final à Zoé et hélas, même si tu y mets un point final aujourd'hui, c'est aussi celui de ton histoire… et franchement, je n'aurais pas cru que cela se termine ainsi… Tout au moins à la vue du peu que je connaissais de tout Cela, c'est-à-dire seulement les prémisses, ton bonheur tout neuf, total, sans « mais »…

Sachant que lire Zoé me fait l'effet d'une bombe, je n'ose imaginer ce que cela doit être à vivre au quotidien pour toi…

Je n'en reviens pas. J'y croyais tellement, je voulais le croire, pour toi. Je me réjouissais de ton bonheur…

Je suis vraiment désolée pour toi, sincèrement. Désolée pour toi et pour cette vie et cette humanité qui n'en est que rarement une finalement, ou de moins en moins…

Je suis parfois admirative de la richesse de la vie, et des hommes, et des situations, et des réactions. Quand elles sont positives… et malheureusement, l'homme me surprend toujours autant (sans vraiment me surprendre car je me dis aussi que vraiment, TOUT est possible) dans ce qu'il y a de pire à faire…

Ce qui t'arrive, on peut résumer en : « C'est la vie ! ». C'est la tienne.

J'ai quand même les bras qui m'en tombent et je compatie très sincèrement. Comme toi, je m'efforce, malgré tout, tous, de garder un fond d'optimisme envers ce monde. Mais franchement, des épisodes comme celui que tu viens de vivre (et souffre encore), ce n'est pas fait pour m'« optimiser » la conscience… Je suis déçue pour toi, à travers toi. Ton histoire, j'en rêvais, j'y croyais ! pour toi ! surtout pour toi ! mais aussi pour ma confiance en la vie… Pour clouer le bec a tous ces gens qui sans arrêt disent : ce n'est pas possible ! c'est trop beau ! y'a un problème quelque part, forcément. Et bien malgré tout, j'espère que nos histoires, un jour, clouerons finalement le bec à ces désillusionnés.

Je pense que pour toi en ce moment, ce doit être les montagnes russes. Que peut-on faire pour toi ? comme tu l'écris, on est seul face à sa souffrance. On n'est là qu'en toile de fond, toile de parachute, pour le cas où tu te laisses trop glisser, pour te retenir encore… Ton meilleur appui reste ta famille, tes ami(e)s proches et tes boules de poils.

Je ne vois pas bien en quoi je peux t'apporter quelque chose concrètement mais sache au moins que je pense très fort à toi, qu'il y a une petite âme quelque part qui espère encore, en la vie et surtout pour toi en ce moment.

Tu n'es pas seule, c'est sûr. J'espère vraiment que tu ne sortiras pas aigrie ou « tout en armure » de cette histoire car ce qui fait notre force quelque part, c’est notre sensibilité, et notre vision à mon avis très vraie de la vie, de ce qu’elle est et devrait être : la quête du bonheur, le partage, l’affection, la vérité de l’être. Pense au roseau de Pascal : Le roseau, même s’il est faible physiquement, sera toujours plus grand que l’univers qui l’écrase, car lui a conscience d’être… et en plus, il plie, mais ne rompt pas…

Ma petite Zoé, plie l’échine pour le moment, laisse-toi aller aux larmes, au chagrin, mais surtout ne romps pas ! Reste avec moi pour prouver à tous les rabat-joie, les tristes sirs, les cartésiens, les obtus, les pessimistes, les égoïstes, que la vie, ce n’est pas « ça », pas un vil objet, une machine toujours en panne ou chagrine. Leur montrer que la vie « est », et qu’elle devrait être soleil, joie, rire, tendresse, affection, ouverture à l’autre… AMOUR…

Par certains aspects, JP me fait penser au Guy de ma maman… Comme le crocodile, grande bouche et petits bras. Les tentatives de te faire culpabiliser, que tu ne comprends rien à rien, et que lui est aussi blanc que le petit enfant qui vient de naître et qui ne comprend rien à tes réactions… Cela me donne trop une impression de déjà-vu même si c’est une autre histoire… Mais malheureusement, cela me fait penser, en moindre proportion, mais plus généralement je pense, à d’autres « mâles »…

Je pense qu’il est inutile d’en dire plus. Moi, je ne veux pas t’ennuyer. Tu n’as pas forcément envie qu’on t’en parle non plus. En revanche, tu sais que si tu veux en parler, ou l’écrire, il y aura quelqu’un pour t’écouter…

Je te laisse. Je te souhaite beaucoup de courage et de force intérieure pour toi, et beaucoup d’affection de la part de tes proches pour te soutenir.

Je pense très fort à toi et t’embrasse tout aussi fort.

À bientôt. Mel

3/01/2003 critique de ma belle-sœur préférée :

Ma belle-sœur préférée,

Tu ne peux pas savoir combien de fois je me suis retrouvée dans tes écrits très agréables à lire.

Même si cela va bientôt faire 10 ans que je suis avec ton frère, je n'ai aucune leçon à te donner car chaque relation est unique.

Je peux juste te dire que, par rapport à mon expérience, on ne peut pas toujours TOUT dire à un homme (les hommes me semblent plus susceptibles que les femmes en général). Il faut, bien sûr, DIALOGUER le plus possible mais toujours être vigilante sur la façon de dire les choses et aussi le moment choisi (tout aussi important) pour que l'autre soit vraiment capable de t'écouter.

L'alchimie de l'amour est une science très compliquée et peu de couples arrivent à transformer l'amour en or.

Et même quand ils y arrivent, c'est un combat permanent pour que personne ne le vole…

La vie est pleine de chocogrenouilles de Berthy Crochue (Harry Potter), il y en a des bonnes et des mauvaises. Je reste tout de même persuadée que chacun est maître de son destin et que les rencontres ne se font pas par hasard.

C'est toujours douloureux de « grandir » mais à chaque fois, tu es plus forte. Tu apprends à prendre du recul face à ce qui t'arrive, à mieux analyser pourquoi cela est arrivé et surtout à essayer de changer de tactique pour une prochaine fois.

Car il y aura une prochaine fois, je n'en doute pas ! Tu as beaucoup d'atouts pour une femme alors je ne me fais aucun souci pour toi !

Surtout, reste positive, tu as tout compris !!!

Une dernière chose et non la moindre : GARDE TON CŒUR D'ARTICHAUT car comme tu le dis si bien, c'est la meilleure façon de rester vivante !!!

Garde-le bien au chaud et plante-le quand tu auras bien PRIS LE TEMPS d'analyser le terrain pour être sûre qu'il convient bien à ton cœur et j'espère alors que vous aurez plein de petits cœurs d'artichauts (c'est une variété qui est en voie d'extinction).

Voilou !

Affectueusement. Ta Belle-Sœur qui t'AIME.

Je viens de terminer ton livre et je voulais tout d'abord te remercier car grâce à cette lecture, tu me prouves ta confiance, tu me permets de mieux te connaître et enfin, ton analyse sur la vie, souvent juste, m'en a appris sur moi-même.

J'ai d'autre part bien reçu ton SMS, saches que je t'apprécie pour pleins de raisons différentes même si je ne suis pas toujours d'accord avec toi. À ce sujet, je suis en train de mettre en forme mes sentiments par rapport à tes écrits. Cela prendra peut-être un peu de temps car écrire n'est pas une chose aisée pour moi…

Bisous
Ève

REMERCIEMENTS D'ÈVE

Je remercie ceux qui m'ont permis d'écrire, ceux qui m'ont encouragée et motivée à continuer, ceux qui m'ont aidée à la correction, les Éditions VÉRONE qui me publient et enfin maman, ma banquière préférée, qui me permet d'y accéder.

Imprimé en France
ISBN 979-10-284-0315-7
Dépôt légal : 3e trimestre 2017